JN080130

大学評価学会年報『現代社会と大学評価』第19号

大学の自律と「大学人像」

編　集：大学評価学会年報編集委員会
発　行：大学評価学会
発　売：晃 洋 書 房

目　次

大学自治の理想と現実　データからの検証

村澤昌崇（広島大学高等教育研究開発センター）

　どうも皆さま、こんにちは。広島大学からまいりました、村澤と申します。本日はこのような貴重な機会をお与えいただきましてありがとうございます。テーマがテーマだけに、私がこんなことを論じていいのかと非常に不安に思いつつ、ご指名くださった伊藤先生を始め多くの先生方とやりとりさせていただいた上で、最終的に引き受けさせていただきました。

　必ずしも大学の自治・自律、学問の自由等に関して深く考察してきた人間ではございませんが、高等教育研究に従事している人間として、手持ちの材料をもとに皆さまと一緒に議論させていただければと思います。本日は「大学の自治の理想と現実－データからの検証」というテーマでお話しさせていただければと思っております。

　まず、日本における大学の自治・自律の議論を歴史的にレビューしてみましょう。基本的には戦後限定ですが、戦後直後にGHQが入りアメリカ型の思想改革が導入され、大学のあり方に関しても改革対象となったわけです。その議論の中核は大学の制度的位置づけです。詳細は海後宗臣先生、寺崎昌男先生による『大学教育』（東京大学出版会,戦後日本の教育改革,1969年）の中に書かれています。紆余曲折はありつつ、1990年代までは長らく設置認可権は政府が保持しつつ、大学内部の管理運営は大学自治（＝教授会自治）が保たれてきました。

　ところが1990年代以降は、この法的見地からの「大学自治」論が後退して、財政的・経営的見地からの「大学運営」論へと舵が切られます。ニューパブ

リックマネジメント、新古典派経済学的な発想に基づいて、政府の強い統制から大学を解放し、市場原理に委ねる「かのような」方針転換です。ただし実際には、皆さんも実感されているように、政府の強い主導力は形を変えただけで弱まっていないのですが。制度的には、大学設置基準の大綱化です。これを緩和して、個々の大学の自律的経営裁量を拡大するかのような施策が打たれてきました。これまで護送船団方式により政府主導で大学を保護し（＝規制して）運営してきたのに、いきなり経営裁量を拡大するから自律的経営せよとなったのです。その延長線上にある近年の議論が個々の大学のガバナンスやマネジメントの強化に関する議論です。しかし現実は、大学に半ば自動的に配分してきた資金を、大学から提出される戦略や企画の内容の評価に応じて配分の可否や額を決めるような、いわゆる「競争的資金」に切り替わっただけであって、政府による統制方法が変わっただけなのです。さらに直近では、法改正により教授会自治が弱められ、学長を中心とした大学執行部に権限が集中するという事態も生じていることは皆さんもご承知だと存じます。

　私は、こうした一連の改革に関して「科学的根拠があるのか」という漠とした疑問を常に抱いていました。私自身がデータを曲がりなりにも扱って分析してきた人間であり、データを弄る人間のほとんどは、似たような認識を抱くと思います。そこで実際には、独自に改革の効果検証を手がけてみようと思い立ち、大学におけるガバナンスやマネジメントに関する調査を行いあれこれ分析もしてみました。ここではその一部を簡単に披露したいと思います。

　調査自体は2015年なのですこし古いですが、科研の一環として「大学における教学ガバナンスとその効果に関する研究」と称した調査を行いました。その骨子は、大学の外形特性、経営状況、組織文化、そして学内の意思決定について誰がどの程度の権限や影響力を持っているのか等を測定し、他方で大学の成果を多様に測定し、これら諸要素の関係の分析をしました。

　その結果、誰がどの程度の権限を持っているかは、大学の特性や経営状況に依存することがわかりました。例えば教授会権限が強くその権限範囲の広い大学は、総合研究大学なのです。要するに規模が大きくて、範囲すなわち

多様な学部を持ち、威信が高いような大学であると。他方学長権限の範囲が広く権限が強い大学は、小規模大学であり、また入口や出口が厳しい状況にある大学です。つまり、大学の意思決定権限の所在や範囲そして強さは、大学の特性や置かれた環境、その目的や実績に応じて自然に決まるものであり、法律により大学に一律に適用するものではないのではないか、と思わせる分析結果です。

　権限の所在・範囲や強さは、それ自体を弄ることが目的ではなく、そうすることによって、「望ましい大学」へと繋がることが重要でしょう。そこで、適当にいくつか成果指標を用いて、権限をあれこれ弄ることが成果にどの程度響いているのかについても分析を行ってみました。成果の指標には、組織の長による教育成果の自己評価得点を用いました。ただしここでの分析はあくまで相関に過ぎません。分析結果からは、権限を誰が持とうが、誰の権限が強いか弱いかといった要素は、研究成果にはあまり関係ないことがわかりました。むしろ直接成果に関わるのは、学長がどんな人格を持ち、どのような能力を発揮しているのか、学長が学内で構成員から支持されているかどうかといった諸要素の方が成果につながるような様相を呈しています。他には、大学の中の職場環境が良好でないと、良い成果に繋がらないという結果も得られました。もちろんこの一連の分析結果は逆の因果もあり得ます。つまり、成果を始め大学の経営状況が悪くなるから環境が悪くなる。おそらくは大学内の諸要素は相互依存的関係だと思います。

　上述の分析では、相関にとどめましたが、最近われわれ研究グループは統計的因果推論に関心を持っており、踏み込んだ分析を手がけています。これを応用して、教授会や学長に権限を与えたり強弱をつけたりすること＝介入が、はたして研究成果に影響するのかを検討しました。具体的には、統計的因果推論の一手法である傾向スコア分析を応用し、成果指標には「Web of Science」に掲載された論文数を用いた因果分析を行いました。この分析における具体を少し触れておくと、反実仮想を擬似的に創造しているのです。たとえば、学長の権限が強い大学は、故があって学長の権限が強くなっているのです。教授会権限が強い大学は、故があって教授会権限が強くなってい

るのです。これは先の分析からも理解可能だと思います。ですから、権限の所在が成果に与える効果を厳密に検討するには、医学系で実施されているような実験を行う必要があります。たとえば薬の効果を検討する場合、二つの均質な集団を用意し、一方に薬を投与し（＝実験群）、他方には薬を投与しない（＝統制群）という状況を作り出します。これは専門的にはランダム化、ランダム割り付けと言います。

　しかし社会科学の領域において、このような実験を行うのは難しい。例えば、とある授業の学習効果を検証する場合、能力の似通った学生を二群に分けて一群に当該授業を受講させてもう一群を受講させずに二群のテスト成績の比較を行うという実験は、おそらく容易には承認されないでしょう。そこで、実験をせずに実験をしたかのような状況を擬似的に作り出す方法が編み出されました。その一つが傾向スコア分析です。今から紹介する分析に則して説明すると、100校の似通った大学を選んだ上で50校は学長の権限を強くし、もう一方は何もしないような状況を作り出します。この二群で異なるのは、学長権限の強弱だけであり、それ以外はほぼ全て同じとなるので、この二群間で成果等の違いが見られれば、その違いは学長の権限の強弱の違いに起因すると断言できます。実際はこのような実験はしていないのですが、傾向スコア分析により疑似的に実験したかのような分析を行ったのです。

　その結果、教授会に権限を集中させた方が論文数において多くなることが明らかになりました。他方で学長に権限を集中させようが集中させまいが、論文の多寡に関係ないという結果も得られました。政策立案サイドからすれば、「ガバナンス改革は必ずしも研究生産性向上を狙ったものではない」等の反論もされるかもしれませんが、ガバナンス改革はそれ自体が目的化してはならないものである以上、そうした改革を行うことが何らかのメリットをもたらすことは期待されるべきです。そもそもガバナンス改革は何ら科学的根拠が明示されないまま、大学の自治や学問の自由が侵される等の多くの大学人の反対や批判がある中で断行された改革だったことは周知の事実です。にもかかわらず、その労に見合った"研究面での"メリットが無く、他方で伝統的な教授会任せの方が研究面でのメリットが得られることが明示された

ことを踏まえると、過去およそ30年の間に息つく暇も無く繰り出された改革も、検証によっては無駄だったものが多々ある可能性を否定できませんね。ところが現実は、検証も無いような状態で数多の改革の土砂降りに苛まれつつ、我々大学人は身動きが取れないように外堀を埋められてきています。そこでささやかながらでも検証や批判をしなくてはいけないと感じ、僭越ですが分析結果を提示させていただきました。

　しかし次のお話は、これまでとは180度異なる議論になります。大学教員の自律性が自らによって揺らいでいるのではないかという問題提起を、これまたデータに基づいて話題提供したいと存じます。

　まず専門職論からのアプローチです。最近の学術会議問題のような政府の強い介入が生じると、その都度大学人の自律性が侵されるという批判が展開されます。ではなぜ我々大学教員には自律性が担保されているのかをあらためて問い直す必要がありますが、その答えの一つとして、大学教員は専門職なので自律性がセットになっているのだという論点があります。

　ところが専門職論を丁寧に見ていくと、「大学教員＝専門職＝自律性」という論理はかならずしも普遍的な論理ではないようです。専門職に自律性が担保されているとする論理は、実は識者によると、一部アングロサクソンに限定的なモデルではないかという指摘もあります。このモデルの前提は、専門職が活躍する場が民間の市場であり、弱肉強食の市場において自由と責任を抱き合わせながら、自らを売り込み勝ち残るために絶え間ない高度化を行い競争的な活動を行う。他方で培った高度な知識や技術の乱用や暴走を防ぐために自らを倫理によって律して自主規制も行う。こうした一連の結果として自主・自律が得られるというモデルなのです。

　ところが他方、ヨーロッパはアングロサクソンモデルとは異なるとする指摘もあります。ヨーロッパは国家の関与が強く職業団体も国家に近い。つまり専門職は国家の裏付けにより専門家集団としての権威や権限が保たれているというケースだということらしいのです。このような2つの極論を踏まえれば、われわれ大学人がよく政府介入に対する批判の材料として参照することがある「自律性」の考え方は、果たして大学人にとって所与のものなのか、

という疑問が生じます。

　さらに、高等教育や大学教員の自律性の問題や専門職論は、本来極めて重要な問題ですが、実のところ高等教育研究での議論は不十分です。「大学教授職」論という研究領域は、当初この問題を議論していました。大学教授職論は、1990年代に日米独の三カ国で「アカデミック・プロフェッション」をキーワードとした国際調査の共同研究を展開しました。これは現在も続いており、参加国も30を越えていますが、この「アカデミック・プロフェッション」という言葉に留意してください。直訳すれば本来は「専門職としての大学教員」と訳すべきだったと思われます。ところが「大学教授職」という訳をしてしまった。これははっきり言って誤訳だと思っています。この誤訳により大学教員を論じる際に専門職論の視覚が失われてしまいました。実際に大学教授職の書籍の中では専門職論の議論はゼロです。これはまずい。大学教員の実態調査に成り下がっているのです。

　私自身は、大学教授職研究のデータを分析しながら、このように個人的にはその研究アプローチに対して不満を抱いていました。そんな中で学術会議への政府介入問題が生じて大学教員の問題が一気に社会問題化したことにより、研究対象としての大学教員を再考する良い機会にはなったとも思いました。そこでこのタイミングで、研究仲間とともに大学教員を含めた専門職について調査を実施してみたのです。余談ですが、われわれの「売り」は、調査のテクニックをあれこれ駆使して、野心的実験を行っている点にあり、このたびの専門職調査はウェブ調査を実施し、アンケートの虚偽回答や怠慢回答等を抽出するための工夫を施し、何とか精度の高いデータを集めようと努力しました。

　余談はさておき、この調査結果の一部を皆様と一部共有いたします。具体的には、一般市民の方々に複数の職業を提示し、それら職業が専門職であると見なせるかどうかを判断していただきました。その結果、大学教員を専門職とみなしている人は必ずしも多くないことが判明しました。我々大学人自身はおそらく弁護士や医者と同じような専門職だという自負はあると思うのですが、一般の方々はそのようには認識していないようです。そして、国家

資格化されている小学校教員や保育士よりも「専門職」と見なしている人の割合は低いのです。

　ただし、大学教員の名誉のために別のソースを紹介しますと、大学教員そのものの職業上の格付けは極めて高く、医者や弁護士等に匹敵します。社会学者が十年に一度「社会階層と社会移動に関する全国調査」を実施しており、その調査において職業威信調査という職業に関する多角的な評価を行っています。その威信スコアは偏差値化されているのですが、そのスコアによると大学教員は、医者や弁護士等専門職と匹敵する程度のほぼ最高クラスの位置にあります。ただし、先の我々の調査にあるように、一般市民からみた専門職性の評価の低さは留意しておいた方が良いでしょう。

　さて、次の話題提供に移りましょう。次は、大学の大衆化、研究教育上の倫理・公正や責任の側面から、大学の自律性に切り込みます。

　ご存じのように、現在大学進学率は50％を超えています。よって非伝統的かつ多様化した若者が大学に進学し、学生の"生徒化"や大学の"学校化"が進行し、いわゆる"Fランク大学"も多出しており、総じて大学の質は下がっているという認識は共有されているでしょう。

　ところが、学生の状況からみた大学の大衆化問題に関して、未だに旧来的な大学モデルを抱いたままの大学教員が存在していると社会的には認識されているようです。こうした教員の方々は、ご自身が大学生であったころのイメージを、そのまま現代の学生に当てはめて学生を扱おうとしている節があるのでしょうね。例えば、「学生は自由だ」「自由に世界を放浪して見聞を広め、教養を身につけろ」等と言い放ったりしますから。つまり、大学教員が学生の大衆化を認識できておらず、あるいはその現実から目をそらして研究室に閉じこもっているのではないか、と外からは思われているのです。

　こうした大学教員の現実離れに対して、政府は手を打ってきたのです。FDです。これは、ちゃんと学生と向き合って、教育活動を通じて学生を育ててくれ、教育の質を上げてくださいよ、というメッセージなのです。このFDは皆さんもご存じのように義務化されていますが、そもそもFD義務化自体、政府が大学に強く介入している証左なのであり、実は学術会議問題よ

りも前から数多行われてきた改革は、大学から自発的に行われたものではなく、政府からの垂直波及的な改革という"介入"なのです。こうした再三にわたる改革政策を通じた政府の介入は、日本の大学が伝統的な大学モデルに無意識にしがみついて変わろうとしない点に一因があるかもしれません。FDはその一例でしょうか。本来FDは国から強制されるものでないはずです。専門性の高さと自主・自律が本当に大学運営の原理原則の要素であるなら、半ば強制されてFDを行うのはおかしな話です。しかし結果的にFDは義務化され、その後相次いで教学ガバナンスやマネジメントの強化や質保証等いろいろと政府から要請され今日に至っているのですが、上記のように政府にもそれを要請する根拠はあるのです。「大学関係者は内省が無いのではないか」という疑念でも持っているかのようです。

　もちろん政府にも責任が無いわけではない。大衆化した学生に教員が責任を持って対峙するには、教員の身分保障も重要となります。ところが並行して行われた政策は真逆。任期制やテニュアトラック制等が典型例です。大学教員からすれば、"流動化"というキーワードに粉飾された身分保障の崩壊により、とにかく一本でも論文を書いてより良い大学に雇用されたいというインセンティブが高まるのは必定です。学生の面倒を真剣に診たところで、誰もそれを評価して身分保障に繋げてくれないのですから、真剣に学生に対峙するわけもありません。他にも例えば、大学の管理運営関係の仕事に対しても当然インセンティブは高まりません。研究業績に繋がらないからです。こうした非一貫的な政策にも課題は無いわけではない。

　しかし、さらに内省を進めますと、大学教員も量的拡大して大衆化している点にも目を向ける必要があります。学校基本調査や学校教員統計等の公開統計を時系列で整理すれば一目瞭然ですが、大学教員の数は戦後直後から一貫して増え続けており、私学では20倍、国立においても10倍です。もちろんこの数値に反比例して質が下がっているわけではないはずですが、学生の量的拡大を厳しく批判してきた視線を、教員にも同様に向ける必要はあるでしょう。実際に大学教員の大衆化や非伝統的教員の参入を問題視する議論は存在します。例えば、松澤孝明先生によると、近年研究者としてのマナーを

身に付けないまま研究活動に参加する者が増加しており、研究不正の多発とも関連がある旨の指摘をしています。氏はこうした現象が政府による各種大学関連改革と同時並行的に生じており、大学の改革自体がこうした事象のトリガーになっているのではないかと問題提起もされています。

　このような状況を目の当たりにすると、実は我々大学教員が所与のものと主張する学問の自由や大学の自治・自律の原則は揺らぐのではないかと思わざるを得ません。なぜなら、学問の自由は、基本的にそれを行使する人の良心と理性を前提としているからこそ、自由意思決定権が保障されうるという点を今一度内面化する必要がありますが、大衆化した教員に対しては、「教員の質が下がっている。昔とは異なる研究者も多出している。研究不正も多発している。どこに理性・良心があるのだ？」等の批判をされれば、反論は難しい。このような大学教員の現状を無視して権利ばかり主張すると、SNS等の発達した今日ではポピュリズムの格好の餌食になってしまいます。

　ポピュリズムに正義があるわけではないですが、衆寡敵せずとなってしまいかねない現実があるので、この現実への対処戦略が大学教員にとっても必要になってくるように思います。たとえば外部からの強い介入に際し、常套句のように法学的見地を主として学問の自由や大学の自律性を持ち出してディフェンスをしますが、社会からすれば、「大学人にとって都合の良い正当化でしょう」とそっぽを向かれかねない。市民にとって重要なのは、大学へ税を拠出する根拠です。大学の法的な地位や正当性なんてどうでもいいわけです、残念ながら。

　さらによろしくないことに、われわれ自身の専門性の高さが、実は最近われわれの首を絞めかねない状況も生じています。キーワードはEBPMです。

　もとは医療系において、Evidence-Based medicine（EBM）つまり科学的根拠に基づいた医学・医療が推奨され、その応用として政策にも科学的根拠が必要だと叫ばれています。これがEvidence-Based Policy Makingです。この旗振りをしているのは、中室牧子先生や津川祐介先生といった研究者です。ただ、この骨子を見ると、研究者自身の首を絞めかねない側面があります。

　なぜか。EBPMの骨子となるエビデンスピラミッドの構造をざっくり解

明すると、エビデンスの質の高さは、“誰が”用いたかは不問であり、明確に誰でも理解できる“厳密な科学的手順を踏まえること”で担保され、その至高はRCT（ランダム化比較実験）であるとしています。つまりある領域に関する専門家であろうが素人であろうが、科学的方法の手順にのっとって算出された根拠だけが重要だという極論です。実は先ほどのガバナンスと研究生産性の分析は、多分にEBPMで推奨されている手法を応用しています。

　問題は“厳密な科学的手順を踏まえること”にあります。これは従来専門家としての大学教員の十八番だったはずなのですが、エビデンスピラミッドでは、専門家と手法が切り離され、専門家が手法よりも下位に位置づけられている点です。このEBPM的なヒエラルキーが蔓延すると、「大学教員や研究者でなくても科学的根拠さえ見出せば価値がある」かのような一部誤解が蔓延し、大学教員不要論さえ飛び出しかねない。しかも、EBPMで推奨される分析方法は実はある程度マニュアル化もされていて、良質なデータを投入すれば自動的に分析ができるような状況にまで発展しています。もちろんこのような状況整備には研究者も大きく貢献しているのですが、研究者が整えた手法が、研究者の手を離れつつあるのではないか、という懸念があります。林岳彦先生、加納寛之先生、松村一之先生を始めとして少なくない研究者が学術的に議論もされています。

　ここまで、延々とあれこれ話題提供して参りましたが、最後まとめに代えて私が申し上げたいのは、大学に降ってかかる諸改革に対しては、冷静に批判をする必要があるのですが、そのときに隙を突かれないように自制や内省が必要ではないか、ということです。実際、大学教員の大衆化は生じているし、我々が立脚する自由・自主・自律は、所与のものではないかもしれない、という含みを持ちながら対峙する必要がありそうです。

　また併せて、我々を守るためにも批判するためにも、定量的でも定性的でも情報・データを保持して、それらを根拠に説得のプロセスを構成する戦略性も持っていた方が良さそうです。日本はEBPMについては黎明期なので、EBPMを上手に用いて「その政策には根拠がないよね」と独自のデータにて渡り合うことも必要でしょう。実は官僚が徐々にEBPMに取りかかりつ

つあることも事実であり、官僚が科学的手法を独自で身につけたあげく「俺たち官僚だけでも科学的証拠をしっかり作ることができる。大学教員だけが専門家じゃ無いよ、大学教員なんて不要だよ」といった状況も生じないわけでもないので、このような状況にも予測的に対応していかなくてはいけないでしょう。

　これまで自分が片足を突っ込んできた研究をまき散らす形で論点提供させていただきました。これを契機に踏み込んだ議論ができれば幸いです。このたびはご清聴ありがとうございました。

大学の自治、自律と事務職員
—メンバーシップ型の課題と超克—

菊池芳明（横浜市立大学　高等教育推進センター　学務准教授）

はじめに

　日本の大学の自治は、基本的に教員、教授会を軸に展開され、そこに部分的に学生の位置づけが問題とされる程度で、事務職員が議論の俎上に上がることは基本的になかった。近年、大学運営において事務局、事務職員の役割が拡大し、その結果、大学の自治や自律と事務職員の在り方が交錯するようになったが、その過程においては政府のいわゆる「大学改革」と呼ばれる一連の施策が果たした役割が大きい。そこで、以下ではまず中央教育審議会大学分科会における事務職員の位置づけの検討の変遷を振り返り、次に事務局、事務職員の実際の大学運営における影響力について検証、最後にメンバーシップ型としての事務職員と大学の自治、自律の交錯とそこに浮かび上がる課題について考えたい。

I．2000年代以降の高等教育政策における事務職員の位置づけ

　高等教育に関する政策文書としては、20世紀においても中央教育審議会「大学教育の改善について（答申）」（1963年1月）、臨時教育審議会第2次答申（1986年4月）、「教員組織・事務組織は車の両輪論」を唱えた大学審議会答申「大学運営の円滑化について」（1995年9月）、学長リーダーシップのための補佐体制整備、事務職員の一部専門職化、意思決定への職員の参画などに言及した同「21世紀の大学像と今後の改革方策について」（1998年10月）

など重要なものが存在している。

　しかしながら、本稿においては、2001年の中央省庁再編に伴い大学審議会から中央教育審議会の分科会の一つとして再編、発足し現在の「大学改革」と直接、密接な関連性を持ちながら検討が進められてきた大学分科会における審議を対象として取り上げることとする。

1．事務職員の高度化の必要性と新たな専門職の必要性の並置

（1）個別領域における事務職員の高度化や新たな専門職の必要性の指摘

　中教審答申等の政策文書において事務職員への言及が行われたのは2003年12月の「新たな留学生政策の展開について（答申）」が最初である。ただし、その内容は国際化への対応のための事務職員の言語能力の向上や国際交流業務の専門家の必要性など、国際化という特定の分野における「事務職員の能力向上」と「専門家の必要性」に限定されたもので、事務職員の在り方全般について取り上げたものではない。

　さらに2004年2月の「薬学教育の改善・充実について（答申）」では、実習に関連して「実習を支援する教員以外の職員」の充実の必要性が指摘されている。

　このような特定領域に限定された「事務職員の能力向上」や「専門家の必要性」については、その後の答申等においてもしばしば繰り返されることになる。

（2）多様な領域における新たな専門職の育成、確保と並行した事務職員の高度化の要請

　個別領域における事務職員の高度化の必要性等からより踏み込んで、事務職員全般の在り方等に言及した最初の文書が2005年1月の「我が国の高等教育の将来像（答申）」である（以後、「将来像答申」という）。そこでは「大学の機能別分化」や「質保証」と連動して事務職員の管理運営への参画、（「教員や事務職員等の別を問わない」とする）「法務・財務、労務管理、病院経営、入学者選抜、学生生活支援、産学官連携・技術移転等の分野で活躍する専門的人材」の必要性などが謳われた。

　さらに2008年12月「学士課程教育の構築に向けて（答申）」（以後、「学士

課程教育答申」という）では、「事務職員」ではなく「大学職員」あるいは「職員」という用語を用いつつ、大学経営の高度化・複雑化に対応するために職員に求められる能力を、①職種に関わらない共通部分としての「一般的な資質・能力」、②インストラクショナル・デザイナー等の専門職が担う「新たな職員業務」、③従来、事務職員が担ってきた財務、教務等の「伝統的な業務領域における高度化」に整理して提示した。新たな業務領域をも包摂したうえで、「事務職員」を「大学職員」あるいは「職員」として再構成する方向性を示した点が一つの特徴と言える。

　続いて、国公立大学法人化以後の大学ガバナンス改革において非常に大きな影響を及ぼした2014年2月の「大学のガバナンス改革の推進について（審議まとめ）」（以後、「ガバナンス改革審議まとめ」という）では、「事務職員」とURA、IRer等の新たな業務領域を担う「高度専門職」が別々の職として区別され、学士課程教育答申が示した、事務職員が担ってきた領域と新たに出現した業務領域を機能面に着目して整理、それを担う新たな職種としての「大学職員」あるいは「職員」という枠組みから、従来からの「事務職員」、そして新たな業務を担う「高度専門職」という2つの職種を前提とした記述に変わり、前者については高度化、後者については安定的な採用・育成が必要として、その制度化が提言された。

　大学ガバナンスとの関係においては、両者とも「学長がリーダーシップを発揮していくため」の「学長補佐体制」の一翼を担う存在として明確に位置づけられたことも重要な特徴である。

　この時期の検討は、高度化が求められる伝統的業務と新たに出現した専門性の高い業務とを別々に取り扱い、「事務職員」に関しては、大学ガバナンス改革審議まとめでいう「高度専門職」のような専門性は持たない職として位置づけられていた。

２．事務職員の位置づけの変更と大学設置基準の大改正
（1）「教育と研究を両輪とする高等教育の在り方について〜教育研究機能の高度化を支える教職員と組織マネジメント〜（審議まとめ）」

ガバナンス改革審議まとめに基づく「高度専門職」制度化の検討が挫折し

て以降、職員に関する大学分科会での検討は低調なものとなっていたが、2021年2月に取りまとめられた「教育と研究を両輪とする高等教育の在り方について～教育研究機能の高度化を支える教職員と組織マネジメント～（審議まとめ）」では、一転して事務職員の位置づけの大きな変更が行われた。

具体的には、事務職員は技術職員、URA等と同様の「専門職」あるいは「高度専門職人材」であり、「大学経営やマネジメント層の中核となる人材として（中略）変革をリードしていくことが望まれる。」として、執行部、教員に「事務職員の役割の重要性を理解し、大学経営をはじめとした可能な限りの管理運営業務を事務職員が担っていくという発想への転換」を求めた。

これは、第1に、事務職員は大学運営等において近年新たな登場した専門職等とは異なる存在である、言い換えれば専門性を持たない職であるという従前の位置づけから大きく変更を行うものであった。

第2に、しかしながらその理由、根拠については「コロナ禍において、大学運営を進めていく上で、事務職員の果たす役割が非常に大きいことが再確認された」という以上のものは示されておらず、濱口桂一郎の提唱した「メンバーシップ型」の一つである事務職員が、なぜ「専門職」あるいは「高度専門職人材」であるのかは不明なままである。

第3に、事務職員が「専門職」あるいは「高度専門職人材」であるという前提のもと、これまで教員が担ってきた業務のうち、特に管理運営業務についての業務、権限移譲の受け皿とされ、大学ガバナンスの重要な担い手として位置付けられた。その背景には、管理運営業務などが教員の教育研究活動の妨げとなっており、それらを事務職員、URA等の「専門職」あるいは「高度専門人材」に移譲し「チーム型の組織マネジメント」へと移行すべきであるというガバナンス観があり、そのような「チーム型の組織マネジメント」を「教職協働」と呼称している。

（2）2022年大学設置基準改正

次いで、2022年9月には、いわゆる"大綱化"以来となる大幅な大学設置基準等の改正が行われた。この改正では、2022年3月に公表された「新たな時代を見据えた質保証システムの改善・充実について（審議まとめ）」

を受けた「基幹教員」制度や施設設備等に関する規定の大枠化、文科大臣の認定に基づく設置基準の大幅な緩和や適用除外を認める特例制度など、大学教育の質保証に関わる側面が大きな比重を占めているが、同時に「教育と研究を両輪とする高等教育の在り方について～教育研究機能の高度化を支える教職員と組織マネジメント～（審議まとめ）」を受けたと思われるガバナンス面での大きな変更も行われた。

　具体的には、教授会を意味する「教員組織」が設置基準から削除され、代わって「教員及び事務職員等からなる教育研究実施組織」を編成するものとされた。また、従来の学生部、事務局に関する記述も大幅に変更され、それまでの簡便な規定から、その業務内容について詳細に列挙するものとなった。

　ここでは、従来の「教員組織」に上書きされる形で新たに盛り込まれた「教育研究実施組織」が「教員及び事務職員等からなる」として、必ず事務職員が参画することとされているのに対し、従来の（事務職員中心の）事務局、学生部に相当する組織については「専属の教員又は事務職員等」として教員は必置とされてはいない点が注目される。また、「その事務を遂行するため、専任の職員を置く適当な事務組織を設けるものとする。」という非常に簡潔な定義しかされていなかった事務局について、業務範囲が詳しく列挙された。特に「大学運営に係る企画立案」「当該大学以外の者との連携」「その他の大学運営に必要な業務」などについては、事務局及び事務職員の業務、権限の拡大を担保するものとして注目される。

　ただし、不可解なことに、そのような改正をわざわざ行ったにもかかわらず、公布と同時に高等教育局長名で発出された「大学設置基準等の一部を改正する省令等の公布について（通知）」では、「従前の教員組織等が果たしてきた役割や必要性は変わらず」「必ずしも今回新たに規定した『教育研究実施組織』に対応する新たな組織を設けたり、新たに人員を配置したりすることを求めるものではないこと。」とし、改正後の設置基準に組織面で対応することは求めないとの方針が示されている。

３．事務職員の政策的位置づけの変遷

　中央教育審議会大学分科会の発足以降の答申、審議まとめを振り返ると、

2005年の将来像答申から2008年の学士課程教育答申にかけては、（職に着目するか、機能に着目するか等による違いはあるが）従来の事務職員については、新たな専門職と並行する形でその機能や在り方についての検討が行われ、その重要性が認識されるとともに高度化の必要性が謳われていた。言い換えれば、事務職員は専門職や高度専門職ではないという位置づけにあったということになる。このような見方は、職務を定めず雇用契約を行い、実際にも数年で様々な職務を異動する点、高度で体系的な専門教育に立脚するプロフェッショナルの能力観とは異なる「職務遂行能力」という能力観など、事務職員の「メンバーシップ型」としての在り方にも合致していたと言える。

　2014年の大学ガバナンス改革審議まとめは、専門職と並置する形で事務職員の検討や位置づけが行われるという点ではそれまでと同様であったが、両者が21世紀以降のトップダウン強化を核とするガバナンス改革の中に位置づけられ、学長のリーダーシップのための補佐体制の一部とされた点が重要である。また、学士課程教育答申における両者の「大学職員」あるいは「職員」という名称のもとでの統合を示唆する方向性ではなく、事務職員と「高度専門職」は明確に別々の職とされたうえで、「高度専門職」の制度化が提言された。しかし、その試みは大学分科会における検討の末、棚上げとなり、その後はURA、IRer等の個別の専門職が誘導的政策や個別大学における対応の結果として拡大が進んでいる。

　そして、2021年「教育と研究を両輪とする高等教育の在り方について〜教育研究機能の高度化を支える教職員と組織マネジメント〜（審議まとめ）」では、事務職員が技術職員、URA等と同様の「専門職」あるいは「高度専門職人材」であるとされ、定義、位置づけが大きく変更された。しかし、それまで専門職や高度専門職ではない存在とされてきた事務職員が、なぜ「専門職」あるいは「高度専門職人材」となるのかについては十分な説明はなく、事務職員が「メンバーシップ型」であるという点からも、この突然の転換の根拠は不可解である。教員が担っている業務のうち、特に管理運営業務についての業務、権限移譲の受け皿とされ、大学ガバナンスの重要な担い手として位置づけられた点を考慮すると、そのためにこそ「専門職」あるいは「高

度専門職人材」であるとする必要があったのではないかとすら考えられる。

　そして、2022年9月の大学設置基準の大改正により、従来の「教員組織」が「教員及び事務職員等」からなる「教育研究実施組織」に取って代わられることになった。「教育と研究を両輪とする高等教育の在り方について～教育研究機能の高度化を支える教職員と組織マネジメント～（審議まとめ）」における「事務職員の役割を明確に位置付けるとともに、その名称を含めて見直すことが必要」という記述に照らすと、後半部については実現しなかったものの、前半部については教員のみから構成されていた組織が必ず事務職員が含まれる組織へと変わり、事務局の「大学運営に係る企画立案」「当該大学以外の者との連携」「その他の大学運営に必要な業務」等の広範な業務、権限の列挙と併せて、学長リーダーシップのための補佐体制の一部という枠組み内において、事務職員の業務、権限の拡大が実現されたということができるだろう。

　ただし、前述のように、改正と同時に発出された局長通知により、改正条文通りの「組織」の改正は必要ないとされており、その意味では、今回の設置基準改正のうち、事務職員の業務、権限の拡大に関わる部分については、実際の効力という点からは半ばペンディングになったような状態ともいえる。この局長通知は改正内容と整合性の点で疑問があり、ガバナンス改革と事務職員という文脈において、さらなる「改革」を招来することになるのかもしれない。

Ⅱ．事務職員、事務局の影響力の実態

　政策、法令上においてその業務、権限の拡大が進められてきた事務職員、事務局であるが、では、実態面における学内での影響力はどうなっているのであろうか。この問題に関する調査は少なく、以下では、日本私立大学協会の附置機関である私学高等教育研究所が2006年から2018年にかけて私立大学協会加盟大学を対象に行った事務職員、事務局に関連する複数の調査に基づき、その一端を紹介する。

１．学内の意思決定全般における事務局の影響力

2006年に実施された「私立大学理事会の組織・運営・機能及び役割等に関する実態調査」（私学高等教育研究所2007）及び2009年の「私立大学の財務運営に関する実態調査」（私学高等教育研究所2010）では、様々な事項に関する意思決定における事務局の影響力の調査が行われている。

2006年調査では、理事会、理事長、学長、教授会などの学内の諸機関、役職の学内意思決定における影響力の比較が行われた。私学法上、最高意思決定機関として位置づけられている理事会が多くの事項において最も大きな影響力を有しているのは当然として、事務局については、職員人事で最も大きな影響力を有しているほか、学内諸規定の改廃については理事会に次ぐ影響力を持つとされ、予算・決算、当該年度の事業計画、前年度の事業報告、経営戦略・経営計画、通常の重要案件についても学内諸機関、役職の中で相対的に高い影響力を持っていることが示された。学長や教授会との比較においては、学長に対し教員人事、学部・学科の改廃、通常の重要案件の３つ以外の事項で、教授会に対しては、教員人事、学部・学科の改廃を除くすべての事項で優越している（表１）。

表１．組織・役職別経営事項への影響力

表 3-12　内容別・組織別意思決定への影響力（2）　影響力を有する組織

	理事会	常任理事会	評議員会	理事長	学長	事務局	教授会	その他	有効回答
予算・決算	164	77	78	88	37	67	17	11	180
教員人事	61	53	8	82	117	16	138	17	180
職員人事	49	62	8	115	38	125	7	11	178
学部・学科の改廃	154	67	55	78	104	23	119	13	179
学内諸規定の改廃	110	80	24	77	80	95	94	14	179
当該年度の事業計画	149	86	75	89	77	80	32	13	180
前年度の事業報告	144	74	65	77	54	81	15	10	179
経営戦略・経営計画	151	82	53	109	63	65	23	10	179
通常の重要案件	66	105	19	123	87	81	42	14	179
有効%									
予算・決算	91.1	42.8	43.3	48.9	20.6	37.2	9.4	6.1	
教員人事	33.9	29.4	4.4	45.6	65.0	8.9	76.7	9.4	
職員人事	27.5	34.8	4.5	64.6	21.3	70.2	3.9	6.2	
学部・学科の改廃	86.0	37.4	30.7	43.6	58.1	12.8	66.5	7.3	
学内諸規定の改廃	61.5	44.7	13.4	43.0	44.7	53.1	52.5	7.8	
当該年度の事業計画	82.8	47.8	41.7	49.4	42.8	44.4	17.8	7.2	
前年度の事業報告	80.4	41.3	36.3	43.0	30.2	45.3	8.4	5.6	
経営戦略・経営計画	84.4	45.8	29.6	60.9	35.2	36.3	12.8	5.6	
通常の重要案件	36.9	58.7	10.6	68.7	48.6	45.3	23.5	7.8	

出典：私学高等教育研究所、私大経営システムの分析、2007年11月

　2009年の調査では、様々な事項における事務局の影響力の程度について３件法での調査が行われ、中期計画（将来構想）、事業計画、財政計画（運用）、施設計画、学生支援、就職支援、情報化計画、学生募集の８項目において事務局の影響度合いが「かなりある」という回答が50％を超え、教育計画（19.9％）、研究計画（10.0％）を例外として事務局が学内の広範な事項の意思決定において強い影響力を有していることが確認された（表２）。

表２．意思決定における事務局の影響力

政策決定に対する事務局の影響度合い

	かなりある	少しある	ほとんどない	無回答		かなりある	少しある	ほとんどない	無回答
中長期計画（将来構想）	58.0%	34.6%	5.6%	1.7%	就職支援	84.4%	11.7%	3.5%	0.4%
事業計画	66.7%	30.3%	2.2%	0.9%	情報化計画	59.7%	37.2%	2.2%	0.9%
財政計画（運用）	71.0%	21.2%	6.1%	1.7%	研究計画の推進	10.0%	42.9%	45.9%	1.3%
施設計画	71.4%	25.1%	2.2%	1.3%	学生募集	84.0%	14.3%	1.3%	0.4%
教育計画	19.9%	58.4%	20.8%	0.9%	社会貢献	39.0%	47.2%	13.4%	0.4%
学生支援	71.9%	24.7%	2.6%	0.9%	地域連携活動	49.8%	38.5%	11.3%	0.4%

出典：私学高等教育研究所、財務、職員調査から見た私大経営改革、2010年10月

２．中期計画策定における事務局、事務職員の影響力

　私立大学に関しては、中期計画策定が義務化されたのは2019年の私学法改正においてであり、今回取り上げた私学高等教育研究所による諸調査はすべてこの改正前に行われたものであるため、以下は自発的に中期計画を策定している大学を対象としたものである。

　前記2006年調査では、中期計画の策定を行っている法人における原案策定の主担当部局で最も多かったのは「担当事務部署」で40.6％、次いで「法人局長等」で34.4％と、原案策定に当たって事務部門、事務局長等が最も大きな役割を果たしていることが確認された（複数回答）。

　５年後の2011年に実施された「私立大学の中長期経営システムに関する実態調査」（私学高等教育研究所2013）では、設問が「原案策定の組織の主なメンバー」を尋ねるという、若干違ったものとなっているが、事務局長が

学長を上回り最も多い78.3％、また、職員についても事務局長、学長に次ぐ61.8％を占めた（表３）（複数回答）。

表３．中期計画原案策定主担当部局

図表４－８　原案策定組織の主なメンバー（複数回答）

事務局長	78.3
学長	72.6
職員	61.8
学部長	55.4
担当理事	53.5
教員	53.5
理事長	49.7

出典：私学高等教育研究所、中長期経営システムの確立、強化に向けて、2013年2月

　そして同じく前記2009年の調査での、計画策定の審議機関、決定機関に関する設問では、事務局は決定機関としての役割は理事会、常任理事会、評議員会、特別の委員会、教授会と比べ最も低くなった（2.4％）が、審議機関となっている割合は35.5％と大きく増加、教授会の23.1％を上回っている。

　そのほか、上記2011年調査で「中長期計画（将来計画）」の策定方法を尋ねた設問では、「原案の作成は、教員よりも職員が果たす役割が大きい」という選択肢に対して「あてはまる」が14.6％、「ややあてはまる」が50.3％で合計64.9％となっており、「あてはまらない」「ややあてはまらない」を大きく上回っている。

　中期計画の策定にあたっても、原案策定、審議を中心に事務局や事務局長、職員の影響力は大きく、学長や教授会に優越する傾向も認められた。

３．事務職員の経営参画への取り組み状況

　2018年「私立大学におけるガバナンス及びマネジメントに関する調査」（私学高等教育研究所2018）では、事務職員の経営参画について法人の取り組みを開始年度も含めて尋ねられている。その結果、2015年の私学法改正前から取り組んでいたとする回答が44.9％、改正後に取り組みを始めたとする

回答が15.0％、取り組んでいないとする回答が36.9％で、およそ6割の大学が事務職員の経営参画への取り組みをすでに行っていた。

4．職員理事数

理事会に占める職員理事の数については、前記2018年調査までの数値を見ると、理事職員数が0の法人は2013年調査の22.3％が2018年調査の13.5％と大きく減り、一方で職員理事が2人ないし3人の法人は2013年のそれぞれ12.6％、8.3％から2018年の24.8％、14.6％へと大きく増加している。

私立大学の、さらに私立大学協会加盟校のみを対象とした調査であり、特にガバナンス形態の異なる国公立大学には、そのまま同様の傾向を当てはめるわけにはいかないが、少なくとも私立大学において、事務局、事務職員の影響力が大学運営の広範な範囲、特に中期計画等の計画策定過程において認められ、学長や教授会に優越している事項も多数に及ぶこと、理事職員の増加など職員の経営参画も拡大していることなどが断片的にではあるが確認できるといえるだろう。

Ⅲ．メンバーシップ型としての事務職員

本学会の大会、年報等で既に複数回に渡って報告を行っているが、大阪公立大学深野准教授を研究代表とする、本学会の職員と関係の深い理事で構成する研究グループでは、2018年度以降、科研費による大学職員の国際比較研究に取り組んできた。報告者はこの研究グループにおいて、濱口桂一郎が提唱した日本の民間企業の総合職を「メンバーシップ型」という日本独特の存在として捉えるというモデルを事務職員にも援用、その特徴と課題の抽出に当たってきた。以下、その成果としてのメンバーシップ型としての事務職員の3つの特徴について概観する。

1．メンバーシップ型とは

メンバーシップ型とは、労働政策研究・研修機構　労働政策研究所　所長濱口桂一郎によって提唱された、日本の独特の雇用労働、ひいては雇用労働システムの特徴を雇用契約の在り方を起点としてモデル化したものであり、具体的には、①日本独特の雇用労働の本質を「職務の定めのない雇用契約」、

「メンバーシップ契約（メンバーになるという契約）」である点に求め、②「長期雇用慣行」、「年功賃金制」、「新卒一括採用」、「定年制」、「定期人事異動」、「OJT重視」、「潜在的能力、意欲、努力、忠誠心などを重視する査定」等々の日本型雇用の特徴とされた諸要素は、この本質（「職務の定めのない雇用契約」）からの論理的帰結として導き出されるとものとし、③「職務の定めのない雇用契約」を中心とする、相互に関連性、補完性を持った一つのシステムとして描き出したものである（濱口2011）。

　濱口のモデルは民間企業の総合職を対象として提示されたものだが、これらの特徴は大学の事務職員にも当てはまるものであり、大学職員論に「事務職員はメンバーシップ型という日本独特の存在である」という観点を導入、事務職員の特徴と課題を抽出し、大学職員論における新たな展開を図ったものである。

２．強い共同体性

　第1の特徴は「強い共同体性」である。組織とは本来、特定の目的を有し、その目的のために組織される機能的存在であるが、メンバーシップ型雇用の下にある人々によって構成された組織は、公式に掲げる目的を追求する機能的組織であると同時に、メンバーシップ型の雇用契約を結んだ人々の「共同体」でもあるという特徴を有している。

　この共同体性については、濱口自身は多くを語ってはおらず、むしろ、濱口による「メンバーシップ型」以前の産業・労働社会学などの分野で蓄積がなされている。例えば、間宏は、日本企業のメンバーと企業の関係が単なる経済的関係にとどまらない、共同性にもとづく互助関係であるとし、そこで求められる「和」が集団への一体化と自己犠牲を要求される点で諸外国における「調和」（harmony）とは異なると指摘した（間1996）。また、稲上毅は、企業の成員の社会的アイデンティティは企業コミュニティーによって媒介されており、その企業コミュニティーは組織への没我的な忠誠心を要求し、ウチ－ソトの社会的境界を区画づけ、対内道徳と対外道徳を前者優先という形で分離する、としている（稲上1999）。

　近年の研究では経営学者の太田肇による一連の論考が注目される。太田は、

日本企業や役所などの組織的な特徴は「共同体」としての性格にあるとし、組織外との関係の希薄化、社員同士の関係性の重視、突出した言動や個人プレーは戒められる等の特徴を持ち、これが企業不祥事、集団的無責任体制、組織内イジメ、パワハラ等に繋がるとしている。特に、共同体性が思考、発想を抑制し、イノベーションを抑圧している、という指摘は事務職員の共同体性が大学という組織の中に存在することの影響を考えるうえで示唆的である（太田2017）。

３．非専門性（専門性の忌避）

第２の特徴は、非専門性（専門性の忌避）である。メンバーシップ型の特異な特徴の一つであるジョブ・ローテーション制度に基づき、数年で様々な部署、業務の異動を繰り返すため、特定の専門性を持つインセンティブは働かない。むしろ「専門性を持ったらおしまい」「特定分野の専門家は視野が狭い」という価値観さえ根強く存在し、専門職への異動を命じられたキャリア官僚が裁判を起こすといった事例すら存在する。

こうしたジョブ・ローテーション制度と深く結びついたメンバーシップ型の独特の能力観が「体力×適性×知識×経験×性格×意欲」と表現される「職務遂行能力」（日経連1969）であり、これは、大学教員もその一部である、高度で体系的な専門教育を前提とするプロフェッショナルの能力観とは全く異質なものである。

４．事務局という組織内組織への一元化

第３の特徴として、事務職員が事務職員によって構成され、事務職員出身者が長となる事務局という組織内組織に一元化されている点が挙げられる。事務局は、Ⅱ．１．で見たように人事面などでも強い独立性を持っており、「強い共同体性」と結合することで、組織というオモテと共同体というウラの双方で独立性、閉鎖性、完結性を持つ非常に強固な存在となる。

アメリカの大学にも事務や大学運営を担当する職員は存在するが、彼らは日本のように事務局という組織内組織に一元化されているわけではない。この点は前記科研で比較研究の対象としている韓国、台湾についても同様であり、教員組織などと同様、各事務組織は学長等に個別に結びついている。

Ⅳ．大学の自治、自律と事務職員

1．大学自治を巡って

日本の大学自治を巡る議論は、基本的に大学自治≒教員自治≒教授会自治という枠組みの中で展開してきた。大学自治が学問の自由の制度的保障として位置づけられるのであれば、それ自体は無理からぬ帰結ではある。しかし、この大学自治論の枠組みでは自治の担い手となるのは基本的に教員であり、加えて学生が対象となるかどうかが議論の対象となる程度で、職員が自治の担い手の一つとして取り上げられることはほぼなかった。わずかな例外として、東大紛争において当時の総長代行と学生代表団、総長代行と教職員組合の間にそれぞれ取り交わされた、大学自治は教授会の自治ではなく、学生、院生、職員も大学自治の構成員であるとする「確認書」（大窪ほか2019）、立命館大学における「全構成員自治」の考えに基づく「全学協議会」（石井2014）、名古屋自由学院短期大学における「職員会」（田上1998）、日本福祉大学の「職員会議」（篠田2019）などの若干の事例とそれらに関する論考があるのみである。

このため、一つの試みとして、以下では行政学における自治の定義を参照し、これをメンバーシップ型としての事務職員の3つの特徴と照らし合わせ、事務職員と大学の自治の関係について考えてみたい。

2．行政学における自治概念

行政学者の西尾勝は、その著書『行政学の基礎概念』において「自治には、個人の自治、集団の自治、共同社会の自治があり、それぞれ問題状況を異にする側面があるが、自治に共通するのは自律（autonomy）と自己統治（self-government）の結合である。」とした（西尾1990）。

自治が①「外部との関係での独立性（autonomy）」と②「内部における意思決定をメンバーの参加と同意の下で行うこと（self-government）」の2つの要素から構成される、とするこの枠組みを援用すると、従来の大学自治論では疎外されがちであった事務職員を自治の枠組みに組み込むとともに、「外部との関係」、「内部における他のメンバーとの関係」において、その特徴や課題を抽出することも可能となる。例えば、職員によって結成された大学行

政管理学会の開設趣旨や初期の学会誌掲載論文にしばしば表出する「『教授会自治』により職員が『大学行政・管理』で十分な役割、権限を与えられていない」、「『教授会自治』により大学が『社会的ニーズ』に対応することが妨げられている」といった主張についても、前者がself-governmentにおける包摂性での異議申し立て、後者は形式的なautonomyが大学と社会の関係に問題をもたらしているという不満としてとらえることが出来るだろう。

3．事務職員の「強い共同体性」と大学の自治、自律

　事務職員の共同体性はメンバーシップ型としての特徴に由来するものであり、メンバーシップ型契約を結んでいない人々、例えば非正規職員、派遣会社社員、教員などはその範囲には含まれない。前項で、大学行政管理学会を例に、職員が学内で十分な役割、権限を与えられていないという不満をself-governmentにおける包摂性での異議申し立てと捉えたが、これが機能的組織というオモテの部分における問題であるとすると、正規の事務職員のみに限定される共同体性はウラの部分における問題であり、大学という組織全体での一体性の確保という観点からは、むしろメンバーが限定される共同体性をどう乗り越えるか、あるいはどのような理念、原理で大学に統合するのかが問題となる。私立大学における「建学の理念」はその一つの例といえる。

　また、太田肇は「共同体の入れ子構造」について指摘しているが、この観点からは、事務職員の共同体が「上位の共同体」とみなすのは何か、という点も問題になる。国立大学を例にとるならば、事務職員の共同体が自分たちを包摂する上位共同体とみなすのは、例えば当該の大学だろうか、あるいは同じメンバーシップ型の人的集団である文部科学省だろうか。それともメンバーシップ型が中核となっている「民間」を中心とする「日本社会」だろうか。もし、「政府機関」や「日本社会」などが上位の共同体とみなされるのであれば、その「政策」や「社会的ニーズ」は論理的には基本的に従うべきものという位置づけになる。この点は、大学のautonomyとの関係での問題となる。

4．非専門性（専門性の忌避）と大学の自治、自律

　前述のように、メンバーシップ型雇用のもとでは、その人事制度や能力観

から専門性を持とうというインセンティブが働かない。多くの官、民の調査で日本の社会人の学習への意欲や実績が他の先進国に比べ極めて低いことが示されているが、この点は東京大学大学院教育学研究科大学経営・政策研究センターが2021年に行った「第2回全国大学事務職員調査」（東京大学大学院教育学研究科大学経営・政策研究センター2021）の結果でも確認でき、大学院など正規の学習機関での学びは極めて低調、業務に関連した書籍や雑誌を読むというレベルですら、4割以上の職員は「あまりしていない」と回答している（表4）。

表4．事務職員の学び

問20 あなたは、勤務時間以外に、以下のような仕事に役立つ学習をしていますか。（○は 1 つずつ）

＜a～cそれぞれ横にお答えください＞	よくしている	ある程度している	あまりしていない
a．関連する書籍や雑誌を読む	13.8	44.1	41.8
b．学外の研修・情報交換会に参加する	5.6	26.3	67.9
c．大学院などの教育機関に通う	2.0	3.7	93.9

出典：東京大学大学院教育学研究科 大学経営・政策研究センター、大学事務組織の現状と将来 第2回 全国大学事務職員調査、2021年8月

Ⅰ．で見たように、事務職員は政策的にはすでに「専門職」あるいは「高度専門人材」とされ、教員からの業務、権限移譲の受け皿となることが期待あるいは予定されている。しかしながら、メンバーシップ型の「職務遂行能力」という能力観と結びついた学習指向、特に高度で体系的な学習への意欲や実績を欠いた状態のまま、「事務職員は専門職あるいは高度専門人材である」と政策的に位置づけても、それで高度な専門性が確保されるわけではないはずである。

5．「事務局という組織内組織への一元化」と大学の自治、自律

この問題は、それ自体というよりはメンバーシップ型契約の下にある事務職員の共同体と結びつくことによってもたらされる強い独立性、閉鎖性が、共同体性、非専門性のもたらす問題の解決をさらに困難なものとする、という点に求められるだろう。

6．自律（autonomy）・自己統治（self-government）と事務職員の３つの特徴

以上の検討をまとめると下記のような表となる（表5）。

表5．3つの特徴と自律（autonomy）・自己統治（self-government）

	共同体性	非専門性	事務局一元化
自律（autonomy）	・事務職員の共同体が上位共同体とみなすのは所属大学ではなく学外である可能性	・専門性の不足により自律的対応が困難になり、指針を外部に依存せざるを得なくなる可能性	・独立性、閉鎖性が共同体性、非専門性がもたらす課題の解決をさらに困難にする可能性
自己統治（self-government）	・メンバーシップ型契約でない教員集団や非正規職員、学生は自分たちと同じ共同体とはみなさない可能性	・専門知を重視しない集団が専門知に立脚する教員集団と生産的な関係を築けない可能性 ・高度化、複雑化している大学経営、運営を適切に担えない可能性	・独立性、閉鎖性が共同体性、非専門性がもたらす課題の解決をさらに困難にする可能性

　要約するならば、メンバーシップ型としての事務職員の共同体性と非専門性が自治の２つの側面、自律（autonomy）と自己統治（self-government）の双方との関係において課題をはらんでおり、事務局という組織内組織への一元化で強化される独立性、閉鎖性によって課題への対応、解決がさらに困難になる可能性がある、ということになる。

Ｖ．結びに代えて：メンバーシップ型の課題・限界と事務職員

　「メンバーシップ型」の提唱者である濱口は、それを「見返りのある奴隷労働」と呼んだ。そしていわゆるブラック企業を「見返りのない奴隷労働」であるとしている。しかし、ブラック企業の問題に限らず、メンバーシップに加入すること、メンバーシップを維持し続けることの困難は増大している。非正規の増加、「リストラ」という名称での解雇、個人の業務がはっきりしない就業形態であるにもかかわらず修正されつつも維持されている成果主義、抑制される人件費、世界最低レベルのエンゲージメントなどはその現れだろう。そして、メンバーシップ型が成長を前提に十分に機能するシステムであることも明らかになりつつある。

　また、太田肇による、共同体性は個人の発想や思考を抑圧する特徴があり21世紀において重要なイノベーションを阻害している、それが日本企業の不振の大きな要因である、という指摘も重要である。さらに、これを非専門性という点に照らすなら、20世紀末よりの本格的な情報化は、専門知を持った人間にとっての情報取得をより容易なものとした一方、専門知を持たない人間にとっては膨大なジャンク情報からの取捨選択というコストを逆に増加させていると考えられる。

　そして、事務職員の場合、メンバーシップ型が主流を占める民間企業、官公庁とは異なり、教員というプロフェッショナルが中心であり、学術の追及を目的とする大学という組織内に存在している、という課題にも直面している。

　メンバーシップ型というものが単なる雇用契約の一形態ではなく、働き方全体、生活、価値観、社会の在り方にまで関連するシステム、それも相当に完成度の高いシステムである以上、その変更や破棄は容易にできるものではないが、これまでに提示したその特徴、課題についていくつかの方向性を提示して終わりとしたい。

　第1に、メンバーシップ型の非専門性は、複雑化、高度化する大学運営において教員からの業務、権限の移譲の受け皿となるという政策的方向性とも矛盾する。事務職員が政府方針の忠実な実行者でありさえすればいいというのであれば別だが、自律した経営を追求するのであれば、少なくとも現在の事務職員集団の上層部についてはメンバーシップ型ではなく、高度なジョブ型すなわちプロフェッショナル化していく必要があるだろう。

　第2に、メンバーシップ型の多くを当面存続させるとしても、共同体性がもたらすマイナスについては軽減する必要がある。この点について、太田肇が以前から主張している「共同体と個人の分化」は一つの方向性となる。ワーク・ライフ・バランスの名のもとに進められてきた長時間勤務の削減が実際に進んでいるのであれば、それは共同体性の抑制に効果を及ぼしているはずだが、加えて共同体への忠誠や貢献意欲を重視する「情意考課」の修正や廃止も有力な手段の一つとなるだろう。

　第3にメンバーシップ型のままの職員についてもある程度の専門性の獲得

が必要である。この点については、既に民間企業でそういった方向性になっているとする指摘もあるが、実態ははっきりしない。評価が高い人間ほど短い期間でジョブ・ローテーションさせられるという傾向も少なくとも一部には残存しており、ジョブ・ローテーションという制度、そして「職務遂行能力」という能力観を部分的に修正するとともに、国際的にきわめて低い水準にあるOJT以外の人材投資の増額も必要である。

　第4に、上記の3点を進める場合、組織内にメンバーシップ型とジョブ型という異質なシステムが併存することになる。これを生産的に運用していくためには経営者とメンバーシップ型のシステムの下、強力な権限を持つ人事部門のプロフェショナル化も必要になる。

　最後に、教員というプロフェッショナルが中心で、学術の追及を目的とする大学という組織内に事務職員が存在しているという点についてだが、プロフェッショナル化する部分については契約とプロフェショナル倫理によって（原理的には）組織に統合されることになる。ただし、URA、IRerなど現在増加しつつある新しい大学の組織内プロフェッショナルを米の同種の専門職と比較すると、専門職団体におけるプロフェッショナル倫理の規定等への反映、専門職養成におけるプロフェッショナル倫理教育などが弱体で、個人としてのプロフェッショナル倫理の内面化には疑わしい点があり、留意が必要だろう。

　メンバーシップ型の事務職員については、何もしなければメンバーシップ型の共同体の価値、規範を内面化する可能性があり、それは学内の非メンバーシップ型の人々とは共有されない。何らかの統合の試みが必要だろう。私立大学における建学の理念はその一つの例となる。メンバーシップ型の事務職員にとっては、学問の自由とその制度的担保としての大学自治は、自分たちが直接教育研究を行うわけではなく、独特の能力観を持ち、民間企業や官公庁のように組織の中核を占めているわけでもない状況ではあまり強い訴求力は持たないかもしれないが、改正後の設置基準第7条第4項でも事務局に相当する組織に関する規定では、教育研究実施組織及び旧設置基準での学生部相当組織に対する「円滑かつ効果的な業務の遂行のための支援」を業務の

第1として掲げており、大学という組織の独自のミッションを核とした意識の統合は試みる必要があるだろう。

【参考文献】
（1）私学高等教育研究所．私大経営システムの分析，私学高等教育研究所，2007．
（2）私学高等教育研究所．財務、職員調査から見た私大経営改革，私学高等教育研究所，2010．
（3）私学高等教育研究所．中長期経営システムの確立、強化に向けて，私学高等教育研究所，201，3
（4）私学高等教育研究所．私大ガバナンス・マネジメントの現状とその改善・強化に向けて，私学高等教育研究所，2018．
（5）濱口桂一郎．日本の雇用と労働法．日本経済新聞出版社，2011．
（6）間宏．経済大国を作り上げた思想―高度経済成長期の労働エートス．文眞堂，1996．
（7）稲上毅．"総論　日本の産業社会と労働"，講座社会学6　労働．東京大学出版会，1999．
（8）太田肇．なぜ日本企業は勝てなくなったのか．新潮社，2017．
（9）太田肇．同調圧力の正体．PHP研究所，2021．
（10）日経連．能力主義管理．日経連，1969．
（11）大窪一志ほか．歴史の中の東大闘争．本の泉社，2019．
（12）石井秀則．立命館の教職協働．立命館高等教育研究（14），2014．
（13）田上義弘．職員会による大学自治への参画．大学と教育（23），1998．
（14）篠田道夫，私の「大学職員論」「戦略経営論」の原点．大学アドミニストレーション研究（10），2020，https://obirin.repo.nii.ac.jp/records/2242，（参照 2023-06-20）．
（15）西尾勝．"自治"，行政学の基礎概念．東京大学出版会，1990．
（16）東京大学　大学経営・政策研究センター．第2回　全国大学事務職員調査．東京大学　大学経営・政策研究センター，2021．

指定討論

伊藤彰浩（西南学院大学）

　こんにちは。福岡市にあります西南学院大学の伊藤彰浩と申します。村澤先生、菊池先生、ご報告をありがとうございました。

　村澤先生と菊池先生のご発表の内容はボリュームも多く、まだ消化しきれておりません。しかし、最初に結論めいたことを申し上げたいと思います。私の感想でもあるのですが、今日のテーマに基づいて村澤先生と菊池先生のご発表を聞いて考えたことを端的に言うならば、大学の自治は、大学人（教員、職員、学生）による自主・自律によって達成される結果であって、前提ではない、ということです。

　これまで大学評価学会の全国大会や研究会で発表させていただく機会がありました。その準備のため、村澤先生がお話しくださった日本における戦後の大学の在り方について、法的見地を含め学んでいく中で、自治の問題というのは極めて大きなトピックでした。昨年の研究会でも取り上げましたが、上原専禄先生（東京商科大学長）は、戦後、日本の大学の将来を考えていく中で、社会との接点をどうすべきか考えたようです。

　社会との接点というと、今の時代、人材育成やスキルの養成など「現代版の実学」をイメージする方もいるかもしれません。しかし、そのようなものではありません。本日の菊池先生の議論にもつながると思うのですが、もし大学という存在が教員、職員、学生たちの自主・自律によって成り立つ組織として位置付けられるのであれば、それは内部の正当性を自ら認識し、内部の人間であるアクターたちが、自主的に、自律的に物事を決定することはも

ちろんのこと、高い理想に向かって進んでいくための議論を展開し、実現するための具体的な行動を取らなければいけない。一方で、内部だけで完結していては、自らの正当性を検証する機会は乏しくなります。自らを振り返る機会を担保するには、大学がどのような形で社会との接点を維持するか考え続ける中で、自然と自治の実現につながるのではないか。そんな風に考えています。

　次に、村澤先生、菊池先生のご発表を聞き、私が特に興味深く感じたことを、１つずつ取り上げたいと思います。村澤先生の資料に「支持的風土」というキーワードが出ています。村澤先生の「大学の意思決定の権限の集散に見るガバナンスは、組織の特性に依存する」という指摘には、「なるほど」と思いました。この「支持的風土」というキーワードを聞いて、みなさんはどのような大学人の意識や行動を思い浮かべますか。「支持的」という言葉だから、教職員がお互いにサポートし合う、声を掛け合う、仲が良い、協力しながら毎日の仕事に従事するなど、前向きで明るいイメージを持つ人も多いのではないでしょうか。そういう職場環境は素敵ですよね。もちろん、明るいイメージが間違いだとは思いません。しかし、大学という組織を前提に、「支持的風土」を具体的にイメージすると、明るいイメージだけでは語れないような気がします。もしかしたら、村澤先生も同じようなお考えをお持ちかもしれません。大学における「支持的風土」とは、大学の存在と機能に対してアクター同士が真剣に議論したり、異なる意見をぶつけ合ったり、時には気恥しくなるような夢を語る、相手を批判しても互いに意見を出し合う行為を尊重する雰囲気があり、自らが所属する大学を自分たちがどう運営していくかについて考え、行動をとろうとしている。そんな感じがするのですが。別の言い方をすれば静かで穏やかなことではなく、構成員である教員、職員、学生たちが自分の考えをもって、それを言い合える状況が許容されている状態ですから、常に動きがあって、議論が活発で、さらに忖度なしで水を差す人もいる。その結果、組織の中に新しいエネルギーが循環し、組織のある方について無関心な人が相対的に少ない状況だと思います。このように組織の中にある種のダイナミズムを保持するには大学の管理・運営に関わるリーダ

ーやそれを支える人たちは、「こういう大学にしたい」とか、自分たちは世間にいろいろと言われなくても、「こういう方向に進んでいきたいんだ」と主張すべきだと思いますし、そういった主張がなければ議論の対象となる軸が存在しませんよね。それがないと組織は徐々に、そして確実に衰退していくと思います。

　こういった意味での「支持的風土」が組織にあれば、大学の構成員たちは、大学の理念を忘れてはならないことに気づくでしょうし、社会の要請を踏まえつつも、自らの大学の歴史や方針に沿ったものであれば受け入れ、そうでないものに対しては「前向きに」距離を置くこともできると思います。なぜなら「支持的風土」によって常に大学のあり方について議論していれば、それが最新の判断基準になるからです。最近の補助金問題を観察する度に、事情はあるにせよ、各大学の理念や方針を踏まえて、提案に乗るのか乗らないかは判断できるのではないだろうかと考えたりします。補助金に申請しパスした大学がメディアに取り上げられることが多いと思いますが、同時にお金は欲しくても自らの大学の方針として自律的判断として申請しない大学のストーリーを知りたいと思ったりします。

　この後のディスカッションにも関連すると思いますが、私から皆さんに質問したいことがあります。自分の大学はどういう大学で、その責任を負うのは誰で、将来どんな大学になってほしいのか、同僚同士で考えたり議論したりすることはありますか。自分の経験を踏まえると、最近になって同僚とこの種の議論を真剣にすべき時期に来ていると思うのですが、なかなか盛り上がらないと感じています。私は今年で53歳になりますが、大学に就職した29歳の頃には、自分自身が自律した研究者にならなければいけない、大学の管理・運営についても自主性に進めていくことが大切だから協力するようにと、先輩教員から指導を受ける機会がありました。そして大学の自治についても、語り合う時間があったように思います。しかし、最近、この問題に以前よりも本気で議論しなくてはならない時代であるにもかかわらず、そういう時間と場所は減ってきているように思います。大学評価学会はまさにそういう場所だと思う方も多いと思いますが。この問題を真剣に考えないと、

結局、大学は誰のものでもなくて、誰も責任を持たなくてよくて、どうにでもなれとなってしまわないかと危惧しています。

　最近、結局、大学ってどういうものなんだろうと思い、卒業間近の4年生にアンケートを採ったことがあります。一人の学生が興味深いことを書いてくれたので、ここで紹介したいと思います。大学というのは、外から見れば単なる建物である。でも実際は建物ではなく、そこで活動する人間の精神的な部分によって存在が保障されている。一見、その事実に多くの人は気づいていないかもしれない。大学は単なる建物、場所、名称ぐらいにしか認識されていない。しかし、大学にいる限り、自分の考えを自由に発言し、他人の意見も聞くことができる。先生や職員の方は、それを応援したり批判したりしてくれる。ひとりで本を読んだり、考えたりしていても、それをとがめられることはない。そういった場所が他にあれば、大学なんて、なくても良いかもしれない。でもそんな場所は大学しかないことにも気づく。だから大学で自由に学び、考え、間違えたり、失敗したりしても、それを応援してくれる場所として存在し続けてほしい。そして、必要な時にいつか戻ってこれる場所としての大学を維持し整えておいてもらえるといいな。そんな意見でした。これは大学というものが一定の性質を保持しつつも、時代の変化、社会の変化、いわゆる外的な環境変化に対しても正当性を持ち続けるためには、「変わらない性質」を保持するためには「内的に変化し続ける必要性」を説いているのではないかと感じました。これは大学のあるべき姿で、精神の自由というか、自分たちが自由にいろんな意見を言い合っても、とがめられたり、ストップされたりすることはない。その風土を作り守ることが学問の自由、そして結果的には大学の自治につながっていくのではないでしょうか。大学の自治というと大学人の中でも、特に教員の視点からの意見が多いような気がしますが、青少年の発達保障を学会の理念に掲げる大学評価学会では、学生も大学人として明確に位置付けられて議論されていますから、学生の視点から大学の自治の目的やあり様の議論は本当に大切ですよね。

　次に菊池先生が日本の経営システムについてお話ししてくださいました。経営学について詳しくはありませんが、英国で10年暮らした長男が時々話

すことを紹介したいと思います。欧米型でのマネジメントでは、管理をする立場の課長や部長は、ある種の「猛獣使い」のような側面がある。組織の方針を定めつつ、その方針からはみ出す人たちにも方針を理解させ、同時に方針からはみ出したりする多様な考えや行動を組織の創造性に結び付ける努力ができなければならない。年齢、性別、言語的背景、文化的背景が異なる人たちを組織の中で生かすために調整をしなければいけない。それが非常に大変だと。

　しかし、日本では、菊池先生がお話ししてくださったように、メンバーシップ型の影響か、組織の空気を読んで、はみ出さないようにする傾向があり、それが結果的に組織の発展を阻害している可能性が高い。この指摘は全くその通りだと思います。ある組織の中で他の大多数とはちょっと異なる視点、それは組織にとって「異端的なもの」だと思いますが、それを組織の現状を振り返るために利用できるか。そういった意識や行為が組織の正当性を見直し、結果的に自らの組織の正当性を高めることにつながるはずなのですが、大学を初め、日本の組織ではできていないように思います。「できない」とは思いませんが。先ほどもお話ししましたが、誰が大学の責任者で、大学を将来的に対するビジョンを掲げ、建設的な意見交換ができるような風土がある程度できあがっており、維持されていないと、結果としての自治の実現は難しいと思います。現状はどうか。なかなか状況は厳しいと思います。しかし、本日の村澤先生と菊池先生のご発表を聞き、大学人の自律について考える視点をみなさんと共有できたことは意義深いことだと思います。村澤先生、菊池先生、ありがとうございました。この後のディスカッションもよろしくお願いします。

第20回全国大会の概要・日程等

第20回全国大会実行委員会

委員長　松下尚史（岡山理科大学）

委　員　安東正玄（立命館大学）

伊藤彰浩（西南学院大学）

中道　眞（新潟薬科大学）

藤原隆信（筑紫女学園大学）

細川　孝（龍谷大学）

Ⅰ．概　要

1．テーマ：大学の自律と「大学人像」

2．趣　旨：

　大学評価学会は「『大学人像』の再構築」をテーマに第17回大会（2020年3月）の開催を準備した。その趣意書には、「大学自治を基盤とする教員と職員の職業専門性をどう捉えなおすか」、そして「自治の担い手としての学生を大学のなかにどう位置づけるか」の2つの課題が示された。さらに、「学生は大学のなかで成長・発達するとともに、すでに選挙権もある市民社会の一員である。社会（および大学）のなかで、自立した個人としてふるまうことを期待されている」と記述している。

　このような認識は、学生の発達保障に関心を寄せてきた本学会ならではのものである。第17回大会の趣意書は、「大学人は……、学問の自由と自律をいかに担いうるかを問われている。2019年度大会においては、この20年余りの政府主導の大学改革のもとでの『大学人像』の変容と、その

再構築について考えたい」と結んでいる。

　残念ながら、第17回大会は2020年初からのコロナ禍のもとで中止を余儀なくされた。その後、世界的な新型コロナウイルスの感染拡大、そして2022年2月に起きたロシアによるウクライナ「侵攻」によって、学生を含む「大学人」のありようと大学の存在自体も問われている。本来、大学と大学人は自律的でなければならない。しかし、国家の政策的な動向や公財政支出の貧困に起因する財政基盤の弱さからさまざまな制約を受けている。学生たちもまた、子ども期も含めて豊かな発達が保障されてきたとは言い難い状況の中で、社会と関わることに困難や戸惑いを覚えている。

　最近の出来事として、大学の根本に係る設置基準（省令）の改正（2022年10月1日施行）が挙げられる。「基準」の引き下げは「自由化（規制緩和）」を意図したものである。さらに、2022年5月に成立した「国際卓越研究大学」支援法や経済安全保障法によって大学における教育と研究は国策にそったものが求められ、大学人の活動はより一層「他律的」なものにされようとしている。このような環境において、大学人（教職員や学生）はいかにして自律性を発揮すべきなのか。

　まさに今、「学問の自由」や「大学の自治」にふさわしい、大学の自律と「大学人像」の探究が求められている。それは理念のみならず実態を踏まえた深い考察を意味する。このような問題意識から、第20回大会では「大学の自律と『大学人像』」をテーマに議論を深め、自律的な大学と「大学人像」についての見解を示していきたい。

3．日　時：2023年3月4日（土）〜5日（日）
4．場　所：岡山理科大学・岡山キャンパス（Zoomによるオンラインを併用して開催）
5．参加者：40名

Ⅱ．日　程

1．開会行事（大会実行委員長挨拶・参加にあたっての留意事項説明）

2．自由研究報告（口頭発表）

司会：水谷　勇（神戸学院大学）

⑴渡部昭男（大阪成蹊大学）・渡部（君和田）容子（近畿大学）「自治体における義務教育後の高校・大学等に係る修学支援施策：鳥取県・滋賀県・大阪府調査から」

⑵小池由美子（大東文化大学）「観点別評価と学力の形成課題」

⑶西垣順子（大阪公立大学）「地域とともに育つためのフリースクール評価の可能性」

⑷横山岳紀（名古屋大学大学院）「ドイツにおける大学改革と財政自治」

3．大会シンポジウム「大学の自律と『大学人像』」

司会：細川　孝（龍谷大学）

大学自治の現実：データから検証する

　―近年の大学「ガバナンス改革」の動向に即して考える

村澤昌崇（広島大学）

大学の自律と事務職員―メンバーシップ型の課題と超克―

菊池芳明（横浜市立大学）

指定討論　　　　　　　　　　　伊藤彰浩（西南学院大学）

（詳細は32頁参照）

4．課題研究Ⅰ「教職協働」

大学職員の内発性に基づく役割モデルの再構築に向けた国際比較研究〈2〉

座長：深野政之（大阪公立大学）

（詳細は41頁参照）

5．課題研究Ⅱ「青年期の発達保障」

学び・大学・社会に対する学生の要求・運動・表現と青年期の発達保障

　（学ぶ権利の実質を保障しうる大学評価のあり方を探る〈3〉）

座長：西垣順子（大阪公立大学）

（詳細は57頁参照）

6．会員総会
　⑴第8期顧問の了解
　⑵2022会計年度活動総括について
　⑶2022会計年度決算および監査報告
　⑷2023会計年度活動方針について
　⑸2023会計年度予算について
　⑹第9期理事選出管理委員の選出について
　⑺第21回全国大会について
7．閉会行事（代表理事挨拶他）

大学職員の内発性に基づく役割モデルの
再構築に向けた国際比較研究〈2〉

深野政之（大阪公立大学）

菊池芳明（横浜市立大学）

　2021年4月に継続採択された第2期科研計画では、本学会が創立以来継続してきた教職協働研究の蓄積を基盤として、韓国・台湾との国際共同研究により日本、韓国、台湾での実践の中から形成されてきた大学職員の役割モデルについて明らかにすることにより、日本の大学職員に対する新たな役割モデルを提示することを目的としている。今年度も新型コロナ禍の影響により予定していた海外調査ができなかったため、日本の大学職員の現状分析と大学職員論に関する理論研究に注力した。

　今回は長年にわたって個人尊重の組織論を研究されてきた太田肇・同志社大学教授をお迎えし、①日本企業を中心とした「共同体」の特徴と課題、②ポスト工業社会と「共同体」、③「共同体」と個人の関係がもたらす課題の解決のための方策等についてご講演をいただき、これまでの研究で抽出した日本の大学職員の特徴としての「強い共同体性」が職員自身と大学にもたらす課題について議論を行った。

「教職員の意欲と能力を引き出すマネジメントの枠組み
―共同体主義を超えて―」

太田　肇（同志社大学教授）

　ご紹介いただいたように、私の専門は組織論ということで、主に企業や行

政組織を対象に研究してますので、その意味で門外漢だと思いますが。門外漢故に怖いもの知らずで言えることもあるのではないかと思っています。そして考えてみると、企業のマネジメントと大学組織というのは全く無関係ではないし、その枠組みも利用できる部分があるのではないかと私は考えています。

大学間の競争の激化

まず一般的な話になりますけれども、これは言うまでもなく、釈迦（しゃか）に説法かと思いますけれども、ざっと申し上げておきますと、今大学間の競争が激しくなっているということ。それは私も大学に属している身として日々実感しています。それは国内だけではなくて、今は海外の大学と競争しないといけない、研究も教育もライバルになってきている。それだけ厳しい環境に置かれているということです。

厳しい経営環境

そして、その厳しいというのはもちろん大学間の競争だけではなくて、国内においても少子化だとか、あるいは次々に大学が新設されて、その中にはかなりユニークな形の大学もあるということ。それから世間の大学を見る目も厳しくなってきている。いろいろな面で厳しくなってきているということが言えると思います。

業務の多様化、高度化

そして、一方で業務が多様化してきている。従来のように教育と研究だけやっていればいいというわけではなくて、社会貢献だとか学生へのサービスだとか、さまざまな要求が突き付けられる。そうなると当然業務も多様になる。そして高度な専門知識が必要になってくる。特にAIなどが入ってくると、一層それが厳しくなると思います。

人件費の削減圧力

一方で、どこの大学でも人件費を減らそうとしてます。そのために人員を減らしたり、あるいは臨時だとか期間限定のいわゆる非正規の比率を高めたりするというようなことが見られます。こうした厳しい環境の中で、教員、職員、双方の意欲と能力を高めて、そして仕事の成果を上げるということが

求められるわけで、そうなると、これまでの延長線上では難しいのではないかというのが私の認識です。

では実際にどのような現状の問題点があるか。これはあくまでも私の理解ですけれども、まず教員の立場からすると、教員がとても多忙になってきている。これはかなり以前からいわれています。国立大学は、独立行政法人になってから自己点検などで一層忙しくなって、毎日深夜まで会議をしてるというような話もよく聞きます。そして膨大なリポートを作らされたりしている。それによって発表論文数が減少したというようなデータもありました。

一方、私立も厳しいのは同じでして、学生集めで海外まで行かないといけないとか、あるいは学生の、特にコロナ禍において生活が厳しくなったので生活支援をしないといけないとか、これらも教員がある程度担わないといけない。こうした多忙化によって研究や教育の質が落ちている。特に教育や研究といった知的な仕事になると、外からは見えない。つまり量が変わらなくて、質が低下するということは、これはなかなか実態がつかみにくいという問題が。だから表面化しない。だからその問題の深刻さが世間に理解してもらえないというような実情があると思います。

それから、これは昔からのことですけれども、大学の教員というのははっきり言って行政は素人ですね。その素人が学内行政の実権を握って、そして携わっていること、これはとても危ういことではないかなと感じています。例えば広報にしても、それから法律的な問題にしても、あるいは就活支援などについても、専門でないにもかかわらず意思決定をし、そして実際に携わっているわけですね。その一つの例として、私が以前経験したのは、大学の教員に民間企業の人事部長をスカウトして、大学の教員に据えて、そして学生の就職指導に携わってもらいました。そうすると学生の就職内定率が著しく上がったという、こういう例もありました。裏を返すと、素人による行政がいかに問題かという

現状の問題点
教員側
業務の多忙化→ 研究・教育へのしわ寄せ。
「素人」による行政の弊害。
大半の教員が、本音では行政の負担を減らしたいはず。
職員側
意欲・能力が発揮できない。
権限、影響力が小さい
大学として
研究・教育の質低下。
サービスの質低下。

ことを物語ってると思います。

　それから３つ目に、本音の部分では大半の教員が学内行政の負担を減らしたいと思ってるはずです。それから、次に今度は職員の側から見るとむしろ逆で、本来行政の能力も意欲もあるにもかかわらずそれが発揮できないという問題があります。特に最近は、大学の職員が大学院に行って、そして修士号、場合によっては博士号を取得するケースも増えてきています。それからスカウトによって各分野のプロを採用する。にもかかわらずその専門性を十分に発揮できない。とりわけ権限や影響力が小さいということ、ここに問題があるんではないかと思います。

　そのため、本当に優秀な人材がなかなか獲得できないとか、あるいは就職して一種のリアリティーショックのように、実際の権限は教員が握っていて職員は権限がないということで、辞めていくというようなケースも聞いたことがあります。

　次に今度は大学全体として見た場合、どういうことが言えるのかというと、やはり今申し上げたように教員は専門の仕事に専念できない。そして素人の行政を行っている。そして職員のモチベーションが十分に発揮、引き出せないということで、研究や教育の質が低下したり、サービスの質が低下したりする。どちらも専門性が十分に引き出せないことによる弊害ではないかなと考えています。

　そこで、では組織をどのように変えればいいのかということ。これは、根本から枠組みそのものを考え直してみてはどうかと私は考えているわけです。ここに示してますのは、ちょうど今から30年前に私が作ったモデルでして、この念頭に置いてるのは、企業の一般の従業員と、それから企業の中の研究職、技術職などを念頭に置いて作ったモデルであります。抽象的なモデルですけど、これについてちょっと説明させていただきたいと思います。字が小さくて見づらいと思いますが。

　まず左側の組織人モデルというのは、これは伝統的ないわゆる組織人を想定したものです。この両方のモデルを作るにあたっては、先行研究もそれなりに援用して、それから独自に行った調査、特に彼ら、彼女らが何によって

動機付けられているか、何が目的かということを中心とした調査を行ったり、研究をサーベイしたりして、それに基づいて作ったものです。

　左側の組織人というのは、これは比較的単純でして、組織の中で得られるさまざまな報酬あるいはインセンティブによって、マズローの言う低次の欲求、生理的欲求、安全・安定の欲求、社会的欲求、それから高次の欲求である承認欲求とか自己実現欲求、あるいは達成欲求、これらを充足するという行動様式です。そして、特に組織人の特徴というのは、昇進によってこれらの欲求の大半が充足できるといわれています。実際、高い地位に就けば地位も尊敬も得られるし、それから給料も上がるということで、多くの欲求がそこで満たされるわけです。

　しかもオリンピックではないですけど、より早くより高い地位に昇進するほど、これらの欲求は高い水準で満たされる。そのため、全力で組織のために貢献をして、そしてこれらの欲求をより高い水準で獲得する。それは、意思決定論のマーチとサイモンの古典的な研究ですが、その中で最低基準と満足基準という2つの基準を提示しています。経済学で想定するのは最低基準、つまりベストの解を追究するということですね。

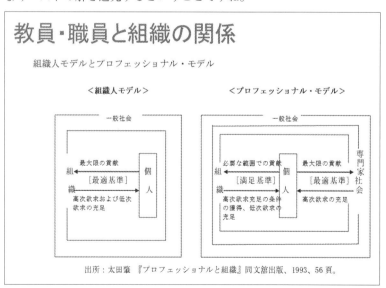

出所：太田肇『プロフェッショナルと組織』同文舘出版、1993、56頁。

　従って組織人の個人と組織との関係は、マーチ、サイモン流に言うと、最低基準に支配されているということです。これが内側の枠で。そして高い地位に就けば社会的なステータスも満たされるということで、外側に一般社会があるけれど、それも欲求の充足に関わっているということです。

　一方、右側のプロフェッショナルについては、プロフェッショナル・モデルと呼んでいますが、これは複雑です。一言で言うと。組織と専門家社会に対してダブルスタンダードで関わっているということです。ここでは一応、企業で働く研究職、技術職を調査対象にしていますが、大学の教員にも置き換えていただけると、それがかなりの部分当てはまるのではないかと思います。

　個人にとって、動機付けられるもの、重要なものは何かというと、専門性が認められる。それによって専門的な能力や貢献が認められることによって、マズローの承認欲求や自己実現欲求、達成欲求が満たされる。しかもより高く認められるほど、高い評価を受けるほど、それらの欲求は高い水準で充足される。従って、専門家社会、つまり学会などに対しては最大限の能力とエネルギーを傾注して、そしてより高い評価を受けたいというのが個人の本音だということ。

　一方、組織についてはどうか。これは大学教員の場合でしたら大学になります。大学の中、組織人として大学に貢献して得られるものは何かというと、例えば給料ですね。それから研究のための予算、資金だとか、あるいはさまざまな情報、それからスタッフによるサポート、あるいは優れた同僚、こういったものですね。

　ただ、それらがあったからといって、それらが得られたからといって、自己実現や達成、承認、これらの欲求を直接満たせるわけではないですね。つまり右側の専門家社会で活躍して、そして評価される、そのための条件を大学という組織からは獲得できるということです。あるいは給料によって生活が維持できるわけですので。それによって低次の欲求も充足できる。それらを組織に対しては求めるというわけです。

　逆に言うと、組織のためにいくら貢献しても、組織から得られる評価で自分の専門能力が十分認められるというわけではないですね。ですから、組織

に対しては今申し上げたようなものを充足する、ある意味限定的なコミットメントですね。そして、これらの組織から得られる報酬やインセンティブ、あるいはさまざまな条件というのは、貢献度に応じて得られるというものではないですね。もちろん応じて得られるものもありますけど。

　具体的に言いますと、組織の一員として必要な範囲で貢献していれば得られる。つまり大学の施設も利用できるし、給料ももらえるし、情報も得られるというわけです。ですから組織に対する関わり方は、マーチ、サイモン流に言う満足基準ですね。ちなみにマーチとサイモンは、経済学ではベストの解を求める最低基準で意思決定が行われるけれども、実際の組織の中の経営者や管理職は、一定の基準を満たしているかどうかで意思決定を行う。つまり最適の解を求めていると時間と労力が膨大になる。しかもそれほどのものは必要がない、満足しているかどうかだけで十分なケースがほとんどだと言えます。もちろんこれはIT、AIによって、ベストの解を求めるのが一瞬で可能になる場合もありますけど、考え方としてはそういうことです。

　この考え方を、本来のマーチ、サイモンの趣旨とは違うけれども、ちょっとデフォルメして引用したのが、この満足基準による関係です。つまり、ある一定の貢献を組織にすることによって、そこから得られるものを期待するという関係です。これがプロフェッショナルの組織と社会に対する考え、関わり方であります。そして、その外に一般社会があるわけです。この考え方を、大学の教員と職員にも当てはめることができないかと考えています。

　今度は次に組織と個人の統合についてです。まず組織と個人の統合について、組織論の伝統的な理論というのは、例えばリッカートだとか、マグレガーだとか、アージリスといったような1960年代、70年代に活躍した人ですが、それらの統合の枠組みというのが、やはり今でも最もオーソドックスだといわれています。

　その枠組みというのは、個人は組織に対して貢献し、個々のメンバーが組織全体の目的や目標に貢献できる。そしてそれによって見返りとして達成や自己実現といった報酬を得る。このようなシステムをつくることが組織にとっても個人にとっても最も望ましいのだという、こういう考え方です。そこ

での組織というのは、具体的に言うと有機的組織。有機的組織というのは、文字どおり有機体のように個と全体とが融合しているという、このようなイメージです。

　また、有名なチェスター・バーナードの組織論では、個人が組織に参加した時点で、個人人格ではなくて組織人格を獲得して、組織の一員として行動すると言います。企業の場合ですと、例えば就職すると、その時から私はどう思うというふうにお客さんに接するのではなくて、わが社ではとか、うちではという、組織を背負って仕事をするわけです。こういうイメージです。

　これらの理論というのは、この上のように図に表すことができるのではないかと考えています。それは、当初は組織の目的と個人の目的は別のベクトルを持ってるわけですけれども、それが組織に参加した時点で両者のベクトルが一致して、そして統合される。それを私は直接統合と呼んでいます。このような統合の理論というのが最もオーソドックスで、これまで唱えられてきたわけです。ところが、このような理論というのは、暗黙のうちに、先ほど紹介した組織人を前提にしているのではないかと考えられます。つまり組織人の場合には、このように上手く統合できるわけですけど、プロフェッショナルの場合にはそうではないということですね。そこで、プロフェッショナルの場合には、先ほど紹介したモデルに基づいて、これとは違った統合の枠組みが必要になるのではないかと考えています。

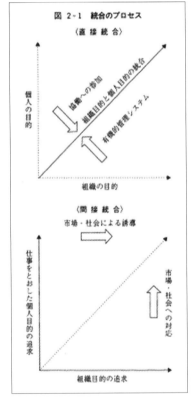

出所：太田肇『仕事人と組織』有斐閣、
　　　1999年、77頁。

　なぜかと言いますと、この組織人のモデルでは、個人は専門能力をその中で十分発揮できない、常に組織の向いている方向を向いて、そして組織全体のために貢献することが求められたら、プロとしての教員の力というのは十分に発揮できない。それは結局、組織にとってもプラスにはならないという理由からです。そこで、下の間接統合と呼んでいるモデル、こちらを見ていただきますと、このモデルでは、組織の目的と個人の目的、これは当初は左側と同じように別々の方向を向いています。ただ、違うところは、組織に参加しながらも、個人は組織とは異なる目的を追求することができるというわけです。ではバラバラになってしまうのではないかと思われるかもしれませんが、それを統合するのが市場や社会といった外部の存在です。抽象的な話ですけれども。

　個人にとって、例えば企業の中の研究者では、研究者、技術者というのは、その分野での高い評価を得られるような製品を開発したり、技術を開発したりするわけですね。これは大学の教員の場合でも、それぞれの専門分野で能力を発揮して、そして専門家社会、さらにはその外にある一般社会で評価されるということを追求する。

　ただ、そこで評価されようと思えば、一般社会と全く隔絶されるところで能力を発揮しても駄目なわけで、やはり間接的ではあっても市場や社会で評価されることが、自分の能力を評価されることにつながってくるわけですね。もちろんそこにはいくつかの輪があって、直接的に評価されるか、間接的に、どれだけ間接的に評価されるかは別としても、いずれにしても市場や社会と全く無縁ではいられないわけです。

　一方、組織の側、例えば大学にとっても市場や社会で大学が評価されるということは不可欠なわけです。それによって例えば大学だったら学生を集める、あるいは大学の評価、ステータスが上がるということになります。従って、このように市場や社会という外部にあるものによって両方のベクトルが統合されていくという、このようなイメージです。いわば市場や社会というのは北極星のような役割を果たしていると、私は思います。つまり旅人が別々の方向、それぞれ連絡を取らずに歩いていって、北極星を目指していく

と同じ所で出会うというイメージです。この枠組みが一般の企業だけではなくて、大学にもある程度当てはまるのではないかと考えています。

そこで、これからの組織のガバナンスの問題ですが、アミタイ・エツィオーニという研究者

> **専門職組織としての大学ガバナンス**
>
> 「専門職組織」の原型（cf. A・エツィオーニ『現代組織論』）
> 　トップには専門職が就いて統治する。
> 　大学、研究所、病院、裁判所、検察庁、会計事務所、学校など。
>
> 大学の場合も、最終的な意思決定権限は教員組織に留保しながら、職員組織に権限委譲することは可能。
>
> そうすれば、教員と職員の双方が専門性を生かし、プロとして活躍できる。

が『現代組織論』（至誠堂，1967年）などで、専門職組織について論じています。専門職組織の定義というのは、その組織の目的を達成するのが専門職だということですね。

つまり企業などは、企業目的が何かというのは、これは議論がいろいろありますけども、単純に仮に利潤を上げるということになると、これは中で働いてる研究者や技術職がその中心を担うというわけではないです。例えば専門職組織の場合には、専門職がその組織の中心的な役割を担っている、仕事をしている。そのような専門職組織には、トップに専門職が就いて統治するという。専門職が就くのが普通だということです。

これは大学の場合でしたら、大学の学長は、これは例外があるし、最近は例外が増えてきていますけれども、教員が就くのが普通ですし。それから、企業の研究所ですと、研究所長も研究者がなります。病院は医師がなります。裁判所は裁判官ですね。検察庁は検事、会計事務所は会計士。そして、エツィオーニは専門職組織と半専門職組織という分類もしていますが、小・中学校などは半専門職組織。セミプロフェッショナルの組織のように位置付けられていますが、ここでも校長は教員がなるのが普通です。

このように考えると、やはり大学も最終的な意思決定の権限は、これは教員がやるということ。これは揺るがないというか、揺るがせてはいけない部分だと私は考えています。ただ、だからといって全てのプロセスを教員が行うという必要は必ずしもないわけで、実際には最終的な意思決定の権限は教員の組織、具体的に言うと教授会などに留保しながら、日常的な活動は職員

の組織に権限委譲することが可能ではないか、もっと権限委譲してもいいのではないかと考えています。例えて言うと、いわゆるシビリアンコントロールのような感じですね。最終的な権限さえシビリアンに留保してお

職員のマネジメントを中心に

従来は、典型的な「組織人モデル」でよかった。

しかし、これからは「プロフェッショナルモデル」の要素が加わる。

したがって、「間接統合」が必要な場合も増える。

けば構わないという、こういう理屈です。そうすることによって、教員と職員と両方が専門性をもっと生かして、そしてプロとして活躍できるのではないかと考えています。

新たな意思決定システムの確立

ではそのための条件は何かというと、まず新しい、これまでとは違う意思決定のシステムを確立していく必要があります。そして一方で先ほど申し上げた中では、大学の職員についても、大学行政のプロとしてこれから一層育成したり、モチベーションを引き出したりする必要があるのではないかと思っています。

先ほどの私の分類、組織人モデルとプロフェッショナル・モデルに当てはめると、従来は職員は典型的な組織人モデルで説明できたし、それでよかったのではないかと思います。ところが、これからはいわゆる行政の分野、あるいは学生サービスの分野、これらにおいてもプロでなければ通用しない世界になってきています。

「大学行政のプロ」としての職員の育成、モチベーションアップ

いろいろな面で内容が高度になって、社会的な要求も高まってくる。そうするとある程度プロフェッショナル・モデルの要素をそこに加えないといけないのではないか。そうすると、組織と個人の統合についても、従来のように組織から与えられる報酬やインセンティブだけで、個人の職員の能力と意欲を引き出すことができるかどうかというと、これは難しくなってきているように思います。やはり職員も、一般の社会あるいは労働市場、それらを視野に入れながら仕事をする。そして、そちらで評価されることが彼ら彼女ら

の能力と意欲を引き出す上で重要になってくるのではないかと考えています。

「ジョブ型」雇用？

　そこで、具体的な制度としてどのような制度を投入できるか。これについては一般企業の制度を、ここに例としていくつか挙げています。一つは最近はやりのジョブ型雇用ですね。濱口桂一郎氏という労働政策研究・研修機構の研究員が、以前からメンバーシップ型とジョブ型という、このようなコンセプトを提示しています。

　メンバーシップ型というのは従来の日本的雇用、そこでメンバーシップ、つまり組織のメンバー、一員としての資格を得たら、その論理に従って仕事をしていく、役割を果たしていくというのがメンバーシップ型。それに対してジョブ型というのは、欧米の職務主義をイメージしていると一応考えられます。

　このジョブ型の特徴というのは２つあると私は理解してます。１つは、ジョブディスクリプション、つまり一人一人の仕事の役割、責任、あるいはそこに求められる資格、そして報酬の金額、これらが明示された職務記述書というものがあって、それに基づいて一人一人契約するということ。これが一つの特徴であります。

　それからもう一つは、個人の専門性に基づいてキャリアが形成されるということです。実際、日本の企業などでは採用されると、大学の専門とか本人の意思とは関係なく配属されて、そして数年ごとにローテーションで、かなり脈絡のないような人事が行われますけれども、欧米の場合には基本的に専門性に基づいて採用され、そして本人の意思によらない異動だとか、それから配属とかといったものは原則としてないわけですね。

　この２点、つまり１つはジョブの定義が厳格にされているかどうかということと、ジョブの軸に沿ってキャリアが形成されるということ、この２点がジョブ型の大事な要素ですが、大学の職員についても、これからはジョブ型が必要になってくるかもしれないと思っています。つまり従来のように、大学の内部で人事異動によって本人の希望しないような部署に異動させられるということは、これから困難になってくるのではないかと思います。ただ、

ついでに申し上げると、私はこのジョブ型というのが日本の社会に適合するとは正直言って思っていません。ただ、これはまた別の問題ではないかと思いますが。ジョブ型というのも一つの選択肢になる可能性はあると思います。

組織のフラット化

2番目に、もっと組織をフラットにしていく必要があるのではないかと考えています。必要があるというだけではなくて、実際にフラットになっていくと思います。その大きな要素になっているのがやはりデジタル化ですね。

これも企業だけではなくて役所も、それから大学のような組織にも共通することですが、管理職のそもそもの役割というのは、従来ですと情報の収集、伝達、それから新しく入ってきた仕事を部下の誰にどこに割り振るかというようなことが、大きなウエートを占めていたわけですけれども、今リモートの普及などもあって、こうした役割の多くはネットで、あるいはソフトで自動的に行えるようになってきています。上と下とメール一本で情報伝達ができるし、共有のデータにアクセスすることによって、皆が共通した情報を得ることもできるようになってくる。

そうすると組織はもっとフラットになっていくんではないかと考えています。この組織のフラット化についても、私は以前から企業で国内外で調査をしましたら、やはり日本は階層が多いという特徴があります。もちろん海外でも、例えばフランスなどはもっと多いですけど、一般に日本と比べると階層は少なくてフラットです。ですから、日本も少なくとも欧米並みか、あるいはそれ以上にフラットになっていくことは避けられないのではないかなと思います。

ただ、フラットになってくると、今度は今までのように特に組織人モデルで説明しましたように、昇進が一つのモチベーションになる、目標になるという、このような従来の行動様式から見直していかないといけない。ではどのように職員の欲求を充足し、モチベーションを引き出すような手段が提供できるのかということ、これはまた考えていく必要があると思います。

中途採用、スカウトの活発化

それから3つ目に、中途採用だとかスカウトがこれからはもっと活発にな

ってくるのではないか。あるいはそれをもっと活性化したほうがいいのではないかと思っています。もちろん大学の組織というのは民間企業や行政の組織とはかなり違いますので、一般企業と同じような労働市場から人を取ってくるというのは難しいかも分かりません。その点、むしろ大学間、あるいは大学以外の教育組織、あるいはNPOだとか、もしくは行政組織も入ると思いますけど、広い意味での非営利の組織、そうしたところに一つの市場ができて、そこからスカウトしたり転職したりするというのが、比較的無理のない現実的な姿ではないかなと思います。

ジョブポスティング、FAなど

4つ目に、先ほども申し上げたジョブ型の2つ目の要因というのは、個人で自分のキャリアを形成するということですので、それを可能にするためには、従来の日本の人事部、人事課による一元的な管理ではなくて個人主導で自分のキャリアを形成していくという、こういうスタイルをもっと広げるべきではないかと考えています。

外資系企業などでよく取り入れられているのは、ジョブポスティングという制度ですね。つまり、ポストが空くと基本的に会社の内外に公募し、そして採用する。これもいろんなバリエーションがあって、内外に一挙に公募する場合もあるし、内部にまず募集して、そしてそこで適任者が得られない場合には外部に応募するという、こういう方法を取っている場合もあります。

いずれにしても、これは本人の異動の意思があって、そこからスタートするわけですね。これは日本では全く見られないように思われるかも分かりませんが、大学の教員は割とこれに近いですね、現実的には。ですからそのような制度というのは、職員にも比較的応用しやすいのではないかという気がします。

それから、もう一つはFA制度、フリーエージェントですね。こちらも民間企業や役所などには以前からというか、ここ20年ぐらい前から取り入れられようとしています。プロ野球などと同じように、自分がどこに移りたいというので手を挙げて、それを異動希望先に伝えて、そして異動希望先のマネジャーを中心にしてそれを選考して、そして採否を決めるという、こうい

うスタイルです。

　民間企業にしても役所にしても、これらを取り入れているところで話を聞くと、それによって異動する人というのはそんなに多くないようです。ただ、従来のように配属や異動は人事が決めるというように他人任せの人事と違って、自分で自分のキャリアを形成できるのだというメッセージ効果はかなり大きくて、それによって主体的にキャリアを考えるようになったとか、モチベーションが上がったというような話をよく聞きます。その他にも、例えば職員でも今現実にありますけれども、学会で発表するとか、あるいはそれ以外の研究会などで発表するとか、こういった機会をもっと増やしていくべきではないかと思います。

　これらの制度だけではなくて、そもそも組織人モデルの前提になっているような組織に対する忠誠心や一体感、これらがどの程度必要かということです。普通は組織人の場合には組織に対するロイヤリティーが必要であって、大学でもやはり職員は母校愛だとかが必要なので、だから特に私立大学などは、そこの卒業生をできるだけ来てもらいたいというような考えを持っているところが多いです。

　ただ、これも本当にそのような忠誠心や一体感が必要なのかどうか。それが果たしてどれだけプラスになるかということも、じっくり考えてみないといけないのではないかと思います。暗黙の前提として、一体感があるからこそ学生に対して親身になって指導ができるのだとか、損得、利害を超えた貢献ができるのだとか、こういうふうに考えますけど、果たしてそれがどれだけプラスになっているのかどうかということは、これは実証的なデータを得るというのは難しいかも分かりませんけども、何らかの形でそれを、本当かどうかということを確認してみる必要があるように思います。

教員・職員ともに従来の共同体型組織には限界

　いずれにしても、これからの大学の組織というのは、従来のような、共同体型組織と私は呼んでますけれども、共同体型組織でいいのかどうかというと、そこにはやはり限界があるように思います。限界というのは、一言で言うと先ほどの組織人モデルの限界です。

　さまざまな面でモチベーションが十分引き出せないとか、あるいは働きがいにもつながらないとか、こうした問題がありますし、さらにもう一つの問題として、冒頭にも申し上げましたけど、非正規の職員のウエイトが高くなってきていますが、正規と非正規の間に処遇などで格差が生じるということ。このひずみというのを、どれだけ社会的にひずみが認められるかどうかとなると、やはりそこにはいろいろ大学の圧力というのが関わってくると思います。その意味で、私は共同体型組織を維持することは難しいのではないかと、このように考えています。

　以上、私なりの門外漢からのお話をいたしました。これはかなり古い私の著書をベースにしてお話ししたものです。

　ですから、これは古いとか、あるいはいろいろな問題があるとか、言われるかも分かりません。そのあたりいろいろなご指摘、ご批判などいただけるとありがたいと思っています。取りあえず私からの話は以上とさせていただきます。ご清聴いただきましてありがとうございました。

【主要参考文献】
・『プロフェッショナルと組織』同文舘出版，1993年
・『仕事人（しごとじん）と組織』有斐閣，1999年

学び・大学・社会に対する学生の要求・運動・表現と青年期の発達保障
（学ぶ権利の実質を保障しうる大学評価のあり方を探る〈3〉）

西垣順子（大阪公立大学）

木原　彩（京都府立大学）

楠美真涼（京都府立大学）

田中真音（京都府立大学）

松原和花（京都府立大学）

中山弘之（愛知教育大学）

Ⅰ．課題研究の趣旨

　発達保障論においては発達主体の要求が重視される。青年期は自分と仲間の発達を自分で守るようになる時期で、青年たちが自身の要求を自ら育てて学びあうことを支えるのは、大学教育の課題と考えられる。ただ日本の教育行政が掲げる大学教育の目標は、経済成長への貢献ばかりが重視され、民主主義の深化への寄与といった側面は無視されがちである。また大学運営や大学評価への学生参画が、（グローバルスタンダードに反して）授業評価アンケートや学生アンケートに矮小化されている。

　このような状況の中で本日は、大学をめぐる現状に疑問を持って要求を表明してこられた京都府立大学の学生さんにご報告をしていただき、大学評価の研究者として、私たちは彼女たちから何を学べるのか、学生の発達保障を基軸とした大学評価のあり方を考えていければと思う。

Ⅱ．第一報告：木原彩、楠美真涼、田中真音、松原和花（北山エリアを考える府大学生有志の会・京都府立大学）「学生「不在」の大学 〜北山エリアアリーナ問題から学生の課外活動を考える〜」

　大学の体育館が行政によってイベント施設に変えられるかもしれないという嘘みたいな話だが、京都府立大学は今まさにそういう問題に直面している。大学に普通の体育館が欲しい、そんな普通の願いを実現するために、私たちは活動している。

１．アリーナ計画の概要

　京都府立大学の周辺では地域の再開発が行われている。北山地域には、京都府立植物園をはじめとする観光資源が多く存在するが、この地域を京都府はお金儲けの場所として目を付けた。その中心地に巨大アリーナを据えることで集客を最大化することをめざす、これがアリーナ計画である。

　アリーナの建設予定地は大学の敷地内にある。地域にアリーナを建てられる広さの土地がないので京都府は、大学の体育館と敷地に建設を決めた。立地の問題をクリアできる上に、大学の体育館が非常に古く、建て替える必要があったためである。大学側も、アリーナ建設で新しく丈夫な体育館が建てられると考え、計画は進んでいった。京都府立大学の体育館の現状の耐震指標は、0.07しかない（0.6以上であれば震度6強から震度7程度の地震に耐えることができる）。体育館の新設は、大学にも学生にも必要な事項だった。

　しかし問題は、収容予定人数が学生数の5倍という、アリーナの規模である。京都府立大学は学生数2,000人の小規模大学で、敷地は徒歩4〜5分で一周できる狭さだ。アリーナを建てると、大学のキャパシティを超えることは明らかである。京都府は、アリーナを建設しても学生優先の利用が可能と言っているが、それは疑わしい。試合中の騒音で、こじんまりした大学ならではの静かさは失われるだろう。また従来の体育館から客席を拡張するために、周辺の木々を伐採する。自然の豊かな大学キャンパスは消えてしまう。

　さらに問題は2つある。1つは、体育館のサークル利用が最低でも年間に70日減ることである。京都府は土日のイベント使用を明言している。2つめは、アリーナの観客席を作るために、学生施設（部室棟、学生会館、合宿

所）が取り壊されることである。その代替として、サークルが活動できる場所は計画図面に掲載されていない。

2．学生不在の大学

体育館がアリーナになってしまう。そこには学生不在の大学が残った。それはまるで、私たちの手の中にあった体育館がすり抜けてしまったという感覚である。学生が使用する体育館は、いつのまにか勝手に変えられていった。学務課は、部室棟の建設はアリーナの建設が決まり次第なのでわかりかねると言う。結局、私たちのものではないから諦めざるを得ないということ、それが「学生不在の大学」である。体育館に関する資料が公開されている場所を、9割の学生が知らないということが、私たちの調査で判明した。

3．私たちの運動の内容

私たちは、自分たちの手の中をすり抜けた体育館を、自分たちの手に取り戻すべく活動をしている。7月に七夕イベントを行った。大学へのお願いを短冊に書くというイベントで、取り壊される合宿所を残してほしいという願いなど、いろんな願いが寄せられた。大学の自然が壊されることに反対するもの、弓道場の設置を願うものなどもあり、最終的に496本の短冊が飾られた。全学生の4人に1人が飾ったことになる。

「どうせ卒業後の話だから」と諦めが漂っていた中で、予想以上の成果だった。「私たちの楽しみが伝播していく」ことが、想像以上に大切だと気づかされた。七夕イベントの最大の目的は、対話のネタを作ることだった。「他人が書いた短冊を見てしまう」ことにより、他人の願いに気づく、そして自分の願いも書く、その行為こそがイベントの最大の目的だった。「対話のネタ化」を通して、学生の思いを形にすることができた。

同時に行ったアンケートでは、学生の4人に1人から回答を得ることができた。初めて意見を形成することに成功し、最終的には学長に直接、部室棟の新設を要求する学生が非常に多いことを伝えることができた。

しかし問題は残されている。体育館が土日は利用できないという問題は残されたままである。また建て替えによって、部室の数が減る。卓球部は活動の場所すらなくなる。全学生の5倍の人が出入りすることで、安全性も課題

になる。試合の騒音で静かな学習環境が守られるのか、疑問が残る。

　私たちは、大学の外にもアリーナ問題を伝える活動をしている。京都大学で行われた講座に登壇し、100人もの人の前で話をした。京都新聞の記者も取材に来ていて記事になった。学生の意見が世論形成に関わっていることを壁新聞にして、京都府立大学の学生に伝えることもできた。

４．学生に必要なこと

　これらの活動を通して、学生の存在が見えてきた。それは、学生は主体的な存在だという当たり前のことで、学生は教員・職員・そして京都府といったすべての人と同等である。体育館のアリーナ計画に関しても、当然ながら学生を議論に参加させるべきだった。学生にも大学に参画する権利と責任がある。大学の施設を利用するからこそ、私たちにはその施設をどうするかの議論に参加する権利がある。

　一方で私たちが、府や教職員と異なるのは、私たちには４年間しか時間がないことである。今しかない。私たちは外側から、たくさんの諦めを経験した。自分の手の中にあった体育館がすり抜けていく、この感覚は間違っている。無力感を抱く経験を重ねないこと、主体としてともにあることが、私たちには必要だ。大学を取り巻く問題は多くある。学生を置き去りにしていないか。学生は声の武器しかもっていない。その脆さと強さに気づいてほしい。

５．質疑

【質問】　学生自治会のことと、京都府の姿勢の変化の有無を教えてほしい。

【回答】　文化会と体育会という団体があり、学園祭の実行委員会もあるが、学生全員が入る自治会は存在しない。先輩たちが自治会準備会を作っていたこともあったが、コロナ禍や先輩方の卒業でなくなった。

　　　　京都府は大学を通じて学生の声を集めるという態度で、学長は有識者懇話会議というアリーナ建設計画を議論するところに参加して、大学側の立場として発言をしている。しかし、京都府から学生に直接の説明はない。

　　　　有識者懇話会のお一人が、私たちが届けたアンケート結果を見て、学生の声を聴いて計画変更をすべきと考えられた。その方が京都府に提案

して学生に対してワークショップを開くという形で、新しい案が作られ
ている段階ではある。しかしそれがどう扱われるかは決まっておらず、
京都府の案が取り下げられたわけではない。

　有識者懇話会の中から、学生の声を聴いて進めるべきという声が出て
きたとことは、私たちの運動の成果ととらえている。新聞報道もあって、
世論には変化があるように思うが、京都府の態度は変化していないよう
な気がする。

【質問】　土日の体育館利用がここまで制限されることが、もし私の所属す
　　　る大学で起きたら、学生よりも教員や地域の人が黙ってはいないのだが。

【回答】　もちろんそのことを気にしてくださってはいるが、学長としては
　　　何よりも、耐震性の低すぎる体育館を安全なものにしたいという考えが
　　　ある。また教職員の方も、それでよいと思っておられるわけではないが、
　　　京都府が耳をかしてくれない状況。

【質問】　「大学の体育館が京都府の所有」とあるが、どういう意味か？

【回答】　公立大学法人になったときに、土地と建物が京都府の所有のまま
　　　で法人化したという、京都府立大学に独自の経緯がある。

Ⅲ．第二報告：西垣順子（大阪公立大学）「大学生の発達と学習要求の充実過程」[注 (1)]

　青年期の発達的特徴から考えて、大学という場所の役割は大きい。自らの
発達を守るために、各自が行動をとる（とらない）背景を知るために、学習
要求に関わる運動に参加経験のある学生へのインタビューと、参加経験のな
い学生への質問紙調査をした。コロナ禍以前のデータだが、紹介したい。

　インタビューは３人の学生に協力してもらった。

　それぞれに異なる運動に参加していた３人だが、「身近な問題や疑問から
出発していること」、「危機意識を感じるという点が他の人とは異なること」、
「危機意識を表現する方法は先輩や先生から学んだ」という一定の共通性も
あった。また、運動をしても状況はすぐには動かないという現実にぶつかっ
て、現状の背景にある社会全体の構造をとらえる広い視野を持つこと、また

それが将来の社会課題の解決への楽観的見通しと、人に話すことへの躊躇の両方をもたらしていた。

質問紙調査は授業の受講生に対して実施した。尋ねた事柄は、「入学当初と現在（7月）での、『奨学金（教育ローン）』、学費、大学制度、労働問題の4つの問題に対する関心の状態」、「変化がある場合はそのきっかけ」、「あなた自身にとっての大学で学ぶ目的」の3種類であった。

学費問題等への関心は全体的には低調で、「関心がない」との回答が最も多いが、入学直後よりは少しだけ上昇する傾向はあった。きっかけは、ニュースと授業が同じくらいのポイントだった。大学で学ぶ目的として大事なものに関する回答は、インタビューに協力してくれた3人と共通性がある結果で、「自身のあり方や生き方を考えること」が高く評定されており、職業準備などはそれに比べると低かった。

結果をまとめると、大学という場所をどういう場所と考えるかという点では、運動に参加している人もそうでない人も、能力を身につけるといった狭い目的ではとらえず、自分たちが育っていく場所としての大切さを認識していることが伺えた。運動をやる人とそうでない人との違いは、「危機意識」の有無や、大切な場が侵害される危険を乗り越える方法は「自分が生き抜く」のではなく「大学等が変わる」ことであると、はっきりと意識しているかどうかといったところにある様子が伺えた。

Ⅳ．コメント：中山弘之（愛知教育大学）

1．学生が矛盾を感じたことを教員が共有しサポートすること

2つの報告を聞いて、学生が矛盾を感じて、それが運動や活動に広がっていくプロセスには「教員が問題意識を共有してくれた」という共通点があるように思う。またもしも、そのような教職員がいなかった場合も、課外活動などで先輩と相談しあえるような関係性が作れているかが重要で、学生が民主主義の主体として成長していくうえで大事なポイントではないかと思った。

自分の経験から付け加えると、学生と教職員が雑談できる関係があることは大事だ。私はある大学の助手・助教を7年やっていて、その間に院生自治

会や院生の活動を陰ながらサポートしたが、そのほとんどは雑談だった。雑談を通じて互いを知ると、学生が心の奥底に思っていることを話してくれるようになる。そのときに助言をすることで、学生の活動が活発になることが何度かあった。社会教育では「たまり場学習論」といって、人が学習や活動に踏み出すためには、雑談の場が必要だという理論があるが、それに通じるところがある。

２．大学の評価のあり方について

社会教育でも、住民の生活の変化や学び続ける姿勢の獲得に注目した評価をする動きがある。例えば公民館運営審議会での評価活動では、職員が行った講座等の自己評価を審議するが、公民館運営審議会は住民参加機関でもあるので、学習者自身が自分たちの学習を評価することになる。また、事業や講座で学んだ人に、半年後や１年後に集まってもらい、その後の生活や活動を振り返ってもらうというのもある。さらには、講座等で何を学んだかについて住民が文章を書いて文集を作るというものもある。

大学の場合、学生参加型のFDを発展させて、学生が自己評価書作成に関わるとか、大学が作成した自己評価書を学生と教員で一緒に読んで振り返るとか、そういうことが増えていくと、学生が大学での学習により主体的に関わったり、大学の運営にも関わったりすることが可能になると思う。

３．学生の課外活動や社会的活動への関わりについて

私自身は、学生が地域社会や社会問題に関わること自体に意義を見出すよりは、そのプロセスで学生たちが、自分たちで話し合って何かをまとめて表現するなど、「自治の喜び」を感じるプロセスを経ることが民主主義の主体形成をする上では大切だと考える。それに対して、そういう自治的なプロセスを経なくても、社会問題に取り組むことで、学生たちは民主主義の主体として形成されていくという考えもある。この問題を考えたとき、予稿集に「活動を通して課外活動の意義をこの身で実感した」、「大学の設備に対して学生が自らの意見を出していくことの意義」、「自分たちも楽しいと思える活動をすることが大切」といったとても大事なフレーズがたくさん書いてあることが注目される。この点について、第１報告者にもう少し詳しく語ってもらえ

ればと思う。

4．無力感を重ねないこと

　青年期教育研究者の乾彰夫さんは、青年自身が成長感覚を得ること、困難が降りかかってきたときに「何とかなった」という感覚を、活動を通じて獲得することが、今後を生きていくうえで糧になるとおっしゃっている。第1報告に「無力感を抱く経験を重ねないことが大切」とあったことと重なると思う。京都府の壁の厚さという問題がある中で、学生たちが無力感を重ねないように、また成長感覚を得られるように、我々大人がどれくらい励ませるかが問われていると思う。

Ｖ．議論

1．コメント（特に3）について

【木原】　楽しむことは、成功よりも大切だと思う。私たちは「楽しむ」以外にやることがなかった。入学したときには、ボックスの取り壊しは決まっていた。だから「失敗の経験」はない。権利を侵害されたという気持ちになったことがなく、「権利を守る」というふうには思わなかった。

【田中】　北山エリアを考える学生有志の会は全員が同じゼミの所属である。ゼミの雑談でこの問題が出たのがきっかけだが、1年前は自分がこんなことをしているとは予想していなかった。楽しくなければ、参加していなかったと思う。なぜ楽しいかというと、「みんなで叶えたい目標をもつ」という経験があまりないからかと思う。また先生方が勇気づけてくれたのは大きい。

【松原】　体育館がアリーナに変えられるという計画を見た時に、これはまずいと思って、同じような問題意識をもつ人たちとつながってしばらくやっていた。本格的に学生有志の会が活動できるようになったのは、教育学ゼミに入って、私の問題意識をゼミのメンバーに共有してもらったことと、「みんなを巻き込める楽しい活動」を提案してくれたのが大きかった。危機意識だけで動いていると、「状況が悪いのは自分の運動が足りないから」と自責の念を持ってしまいがちだが、楽しくやることで

みんなも面白がって来てくれる。「おもしろそう」から入ったほうが、多くの人を巻き込めて、その後の対話につなげていきやすい。

【瀧本^{注（2）}】　（学生が作ったチラシを提示して）彼女たちには素晴らしい力があって、京都府が作った説明文書をパロディ化したチラシを、彼女たちはさっと作ってしまったりもする。ただその力が、堰き止められていることがあるので、教員はその堰を取る役割をしていると思う。堰とは「こんなことをしてはダメなのでは？」といった思いで、例えば七夕イベントの笹を、「そのあたりに生えているの、取って良いよ」と一緒に切りに行ったりした。学生達がやりたいと思っているが形になっていないものを、「こんなことも、あんなこともできるよ」と示したり、コーヒーを淹れたり、お菓子を置いておいたり。

　私も社会活動をしていたが、実は楽しくなかった。同じことを彼女たちにはしてほしくないと思う。大事なのは彼女たちの個性が生かされることで、そこに楽しさが伴ってくると思う。私自身が彼女たちから学ぶことが多い。

２．学生参画、学び、評価（フロアからの質問・コメントを受けて）

（1）様々な関係者とつながって議会に働きかける

【松原】　地域住民の方とは、植物園の問題に気づいていた人たちと早いうちからつながって、連携できている。関心のない方や利害関係が対立している方々とどう話していくかというところは、まだ力が足りない。第一歩になるかはわからないが、2月に京都府議会があり、陳情を提出した。学生だけでなく、卒業生や府大の名誉教授・教員有志とも連名で出した。体育会や文化会の会長も一緒で、サークル活動をしている学生たちも同じ思いであるとして、陳情を出すことができた。

（2）課外活動と学びについて

【松原】　大学設置基準の変更の話は学長との懇談で聞いて、課外活動の場所を学生が持てないことのダメージを、国は認識していないと感じた。課外活動は大事で、それを通じて学ぶことも多いと思っている。

　大学設置基準が変わって、大学が課外活動を重視しなくてもよくなると、

課外活動が大事だという前提が社会の中で共有されなくなる。そのことを、危機感をもって認識している。課外活動を通じて自分たちがどういう利益を得ているのかについては、発信していかないといけないと思う。そうでないと、大学が学生の行動を勝手に制限したりすることになると思う。

【田中】　学習観については、私自身はこの活動を学習とか勉強ととらえたことは一度もなく、活動を通して大学での講義への取り組み方が変化したということもない。他方で、こういう活動をすることへの捉え方は、ポジティブなほうに大きく変わった。

【瀧本】　今日のスライドも力作で、作る過程で、３人で議論をするプロセスが素晴らしいと思う。福祉社会学科の中の教育学ゼミで、福祉を学びながら教育をしたいと思う人たちの学びの特長があるのかなと思う。教員から見るとみんな、よく学んでいると思う。

【松原】　予稿集を作るのは楽しかった。社会教育で紹介されていた、学んだことを文集にまとめるというのと似ているように思う。自分たちの活動記録などを見直して、説明できるところまで振り返ると、「ここでこんなことに気づいた」とか、「このことがあったから元気になれた」ということを明確に確認できた。これは私にとっては実践評価としてよい経験になった。

【木原】　パワポを作成する中で、会話をしていて「学生ってへし折られたよね」という言葉がそこで初めて発見された。それが、この報告を作っていく会話の中で得られた学びだと思う。私は、学生は弱い存在だと思っていたが、そうではない、「もともと強かった学生がへし折られた」ということに気づかされた。

【司会（西垣）】　大変に重要な言葉がいくつも出てきたと思います。

【中山】　このセッションを文字起こししたら、一冊の本ができるほど濃い内容だった。

【注】
（１）第２報告は科学研究費補助金（基盤C）報告書「青年の発達推進力となる大学学習要求の充実過程とその支援実践研究および評価法開発（17K04361）」（代表者：西垣）の概略である。
（２）第１報告の学生たちが所属するゼミの教員で、本セッションを最初に提案してくれた会員でもある。

《研究ノート》

地域とともに育つためのフリースクールの評価のあり方

西垣順子（大阪公立大学）

はじめに

　本研究は不登校の児童生徒が通う、いわゆるフリースクールの評価のあり方を検討するものである。フリースクールが少ない地方で活動を始めて間がないフリースクールが、地域とともに育つという点を重視する。民間の教育資源の少ない地方で、学校に行きづらい状態にある子どもたちの発達が保障されるには、地域の人々の協力が不可欠なためである。同時に、そのような子ども達の育ちに関わることを通じて、学ぶことや育つことに関する地域社会の人々の理解が深まることも期待される。大学評価を扱うものではないが、市民社会と支えあう教育機関の評価制度や方法の構築という視点から、大学評価の検討にも示唆のあるものと考えている。

　なお本稿では、不登校やそれに準じる状態の児童生徒が通う民間の「学びの場」を総称してフリースクールと呼ぶ。１条校以外の学校で、不登校児童生徒の受入れを設置目的とはしない学校は、オルタナティブ学校と呼ぶ。教育支援センター、適応指導教室などの行政が設置しているものは含まず、学習塾の不登校コースのような営利団体によるものも除外する。

Ⅰ．フリースクールへの公費助成の必要性

　日本では現在、不登校の児童生徒が増え続けている[1]。学校に行っていない子どもが、平日昼間に居られる場所は限られる。自宅で一人で、または親だけと過ごすことは、当人の発達に適切とは言いにくい。例えば、沖縄で

若年女性を対象に社会調査をしている上間は、不登校開始年齢が小学校の場合、ピア（仲間）関係が形成されず、自分のことを話す言葉が育っていないと述べている（信田・上間，2021）。行政が設置する適応指導教室や教育支援センターは増えているが、不登校児童生徒の約12%しか利用していないなど、児童生徒が通える場所にはなりきれていないようである（武井,2021）。

　このようなことから、フリースクールのような場が必要とされる。2021年度から22年度にかけて滋賀県でフリースクール等連絡協議会、大分県でフリースクール等連合会が発足するなど、都市部のみではなく地方部でも、フリースクールの増加[2]およびフリースクール同士の連携が進みつつある。

　しかし、フリースクールの運営は保護者が支払う利用料に頼らざるを得ず、経営を成り立たせるのは至難である。ちなみに、フリースクールの草分け的な存在として有名な東京シューレのwebサイトを見ると、入会金が153,000円で会費が毎月52,800円必要であり、他にも費用が発生する。きょうだい割引や奨学基金もあるが、これだけの費用を払える家庭は多くないだろう。

　他方で、多くのフリースクールは東京シューレなどに比して規模も小さく、費用も「比較的」安めだが（筆者が調査した範囲では、1日2,000円が多かった）、それでも家計への負担は大きく、フリースクールの経営は厳しい。代表やスタッフが無償で働いていることも珍しくない（後述のフリースクールの自己評価シートには、スタッフが有給か無給かを書く欄がある）。どのような家庭環境の子どもであっても通うことのできるフリースクールが存在することは、子どもたちの発達保障のために必要であり、フリースクールに対する公費助成が求められている。

Ⅱ．フリースクール評価のあり方検討の必要性

　フリースクールに公費を投入する場合、当該のフリースクールが行っている教育活動に対する、なんらかの評価やモニタリングは必要だろう。不登校やそれに準じる状態の子どもが今後も増えると、フリースクール事業の「市場」としての魅力が高まる可能性はある。公費が投入されれば尚更である。

そうすると、児童生徒を不必要に長く囲い込むなど、営利を優先する団体が跋扈することなども懸念される（武井ら，2022）。

　文脈は異なるが、米国の大学アクレディテーションシステムの成立には、19世紀の産業発展で教育機関が増加し、質保証が必要になったという背景がある（前田，2003）。同様の現象は今日の新興国でもみられる[(3)]。教育機関の増加により、教育の質を保証する評価制度が求められるというのは、わかりやすい現象であろう。日本の場合も、大学の自己点検評価や第3者評価の義務化と、大学設置にかかる規制緩和はセットであった。また実際に、フリースクール等の支援や推進に積極的な勢力の中には、教育の規制緩和と市場化を是とするグループもある[(4)]。

　フリースクール評価のあり方検討は差し迫った課題といえ、実際に検討もされてきた。本稿はその経緯も踏まえつつ、田中昌人らによって検討されてきた発達保障の3つの系（個人の発達の系、集団の発展の系、社会の進歩の系）[(5)]を基軸にしたフリースクール評価のあり方を検討する。フリースクールが地域とともに育つためには、子ども達ひとりひとりの発達から社会の進歩までが総合的に達成される必要があるためである。この発達保障の3つの系をフリースクールの文脈に当てはめると、①子ども達一人一人の発達する権利が保障されること、②子ども同士やスタッフ、保護者との間に、民主的な集団や関係性の構築が可能なこと、③フリースクールとその利用者・保護者・スタッフが（現在の社会にただ順応するのではなく）地域社会とともに育つこと（社会変革を含む）ができること、という3条件が満たされる評価が求められることになるだろう。

　なおこれら3条件は、武井（2022）が持続可能なフリースクール運営を検討する過程で調査対象にした、活動歴が10年以上ある非営利型民間フリースクールの事例分析から見出した4原理[(6)]（包摂性、民主制、共同性、運動性）とも共通する方向性と考えられ、フリースクール活動の持続性とも矛盾しない。

Ⅲ．教育機会確保法の制定を巡る議論

1．教育機会確保法制定

　日本でフリースクールが増加したのは1980年代で、90年代には全国規模のネットワークができ（横井，2018；加藤，2018）、不登校の子どもたちの命と健康、学ぶ権利を保障する法制度も希求されるようになった。この動きは不登校関係者に加えて、オルタナティブ学校や外国人学校、夜間中学での学ぶ権利の保障を求める運動とともに進められてきた。そして、2016年公布（翌年施行）の「義務教育の段階における普通教育に相当する教育の機会の確保等に関する法律」（以下、教育機会確保法）に至る。

　この法律の制定までには多くの論争と曲折があったが（横井，2018；倉石，2018）、成立した法文では第13条に、「学校以外の場において行う多様で適切な学習活動の重要性」と「不登校児童生徒の休養の必要性」が示され、児童生徒および保護者に対する「情報の提供、助言その他の支援」を行うために必要な措置をとることが定められた。これは、不登校児童生徒の学校復帰のみを目標としないと解釈されており、2017年の文科省の「基本方針」でも、学校復帰ではなく社会的自立が重要とされた（前川，2021）。

2．「個別学習計画」の提案

　横井（2018）は教育機会確保法制定までの経緯を、「第1期：オルタナティブ教育法骨子案期（2009-14年）」、「第2期：多様な教育機会確保法案期（2014-15年）」、「第3期：教育機会確保法案期（2015-16年）」に3分割している。このうち第2期に、学校以外の場所での学びの質保証の方法として「個別学習計画」が提案された。これは、保護者が子どもの学習計画を作成し市町村教育委員会の認定を得れば、就学義務が履行されたとするというものであった。

　個別学習計画は、学校以外の場で学ぶ子どもたちへの公的支援の条件整備として提案されたものではあったが、実際には多くの反対意見が寄せられた。それらは、就学義務重視の意見[7]と、不登校児童生徒の困難が増すという当事者・支援者の訴えの、大きくわけて2つの立場であった。この法案が、不登校児童生徒の学ぶ権利の保障を主目的の1つとしていたことを考えると、

後者からの強い反対は深刻に受け止めるべきだろう。不登校当事者たちが個別学習計画に反対した理由は、教育行政による支配が家庭内にまで及ぶというものだった[8]。

　他方で東京シューレなどの一部のフリースクールは、子どもたちが自由に学びを設計できるものだとして、個別学習計画に賛成した[9]。不登校当事者同士で意見が割れた背景には、当事者が置かれている環境等の多様さがある。

　2022年10月の文科省発表でも、不登校当事者の25%以上はフリースクールにも教育支援センターにも通えていない。フリースクールの体制も多様である。児童生徒自身も自分の要求を出せる人ばかりではなく、「学校に行かないことで親に心配をかけている」という罪悪感に苦しむ場合もある。つまり、「専門的技能をもつ支援者の支えを得て、自らの学習要求を学習計画として表現し、保護者と教育委員会を納得させる主張ができる」不登校児はごく一部である。多くの不登校児童生徒とその支援者にとって、個別学習計画は到底受け入れられるものではなかった。

　なお個別学習計画には、オルタナティブ学校関係者も賛同していなかったようである。例えば、教育学者でシュタイナー学校に関わっている吉田（2020a）は、「個別学習計画を、保護者が作成し、教育委員会が管理するという点で合意が困難になった（p.159）」と述べている。

Ⅳ．フリースクール等での学習の評価方法の教育機会確保法成立後の検討

1．アクレディテーションシステム型の評価制度の提案

　結局「多様な教育機会確保法案」は頓挫し、別法案の「教育機会確保法案」が成立した。フリースクールなどの学校以外の場での学びの質保証・評価は棚上げになり、教育機会確保法では言及されていない。このような中、教育機会確保法の適切な運用と公的支援や助成を求めていく上でも、評価は重要と考える関係者が検討しているのが、米国の大学アクレディテーションシステム的な相互評価制度である。

　このような評価は、上述の教育機会確保法制定までの3区分の最初の段階

でも検討されていた。吉田（2020a）によるとそれは、「民間で自主的につくった（中略）中間支援組織と呼ばれるような組織において、関係者が自主的・自律的に学びの場を支援し、その質を相互に評価し合い、認証する（p.159-160）」というものであった[10]。確かに、行政権力による評価を個人（保護者と子ども）が直接受ける個別学習計画に対して、アクレディテーション型の評価システムは、学びの多様性やフリースクールの自律性を損なわないで、教育活動の質保証が図られるシステムとして有効と考えられる。

　教育機会確保法成立後、東京学芸大学の加藤進のグループが文科省「いじめ対策・不登校支援等推進事業」として「フリースクール等の支援のあり方に関する調査研究」を2017-19年度に実施した（加藤，2018，2019，2020）。加藤らは各地のフリースクールやオルタナティブ学校、それらの協議会や連絡会にヒアリング等を行った。そして、フリースクール等で利用できる自己評価シートの開発と点検（フリースクールやオルタナティブ学校運営者に記入を依頼してコメントを収集）、相互評価や第三者評価の仕組みを検討した。開発された自己評価シートは、文科省のwebサイトに掲載されており[11]、次のような構成である（特に記載のない場合は自由記述回答）。

1．フェイスシート（団体の名称や所在地など）
2．活動等の状況（受入対象・条件、運営形態、開所日数・時間、児童生徒数、スタッフ数・雇用形態、ホームページ等の公開情報、活動内容（17項目から多肢選択））
3．団体・スクールの理念、特長
4．概ねこの3年間で重点的に取組んできた方針とその背景など
5．概ねこの3年間で、学びや活動において成果のあった特徴的な取組事例（指定フォーマットへの自由記述、3つまで）
6．子どもの進路
7．子どもの学びや活動、団体・組織の向上のために取組んでいること
8．団体・スクールの組織・運営について（以下の3点について自由記述）
　①子どもの意見を反映する仕組み、子どもが参画する仕組み、その取組

と成果、②スタッフの意見を反映する仕組み、スタッフが参画する仕組み、その取組と成果、③保護者・その他の関係者の意見を反映する仕組み、彼らが参画する仕組み、その取組と成果

9．安全面で実施・配慮していること（4項目から多肢選択）

10．子どもやスタッフの人権を守るために実施・配慮していること（4項目から多肢選択）

11．学校・行政・地域・NPO・企業等との連携について（指定フォーマットへの自由記述）

12．団体・スクールの理念を実現し、特長を活かし、学び・活動をより発展させるために、課題となっていることと改善のための今後の方針

　記入例を見ると、A4で10ページ程度のボリューム感である。自由記述が多いこと、教育目標等を明確（または限定的）な形で設定しないこと（目標管理型の評価ではないこと）、子ども、スタッフ、保護者などの意見表明と参画に多めのスペースを割いていること、といった特徴が見て取れる。

　相互評価や第三者評価の仕組みについては、4つの評価機構案（大学コンソーシアム、国、地方自治体、学会）が検討されたが、それぞれに困難や懸念があり、長所短所の整理は今後の課題とされている。また「現実的な問題としてどのようにボトムアップを展開するか、できるか（加藤，2020，p.23）」と指摘されるように、各地での試みの蓄積が必要とされている。

　加藤らが開発した自己評価シートを使って、評価を実施した団体もある（武井ら，2022）。神戸市内のフリースクール「ふぉーらいふ」と「神戸フリースクール」と、兵庫県神崎郡市川町にあるオルタナティブ学校の「デモクラティックスクールまっくろくろすけ」の3団体が自己評価シートへの記入と相互評価（スタッフと子ども達による評価で相互訪問も含む）を行い、さらに研究者による第3者評価を行った。

　評価を行った背景には、「まっくろくろすけ」に通う子ども達が、在籍校に「出席扱い」されるかどうかが居住地によって異なっていたことがあった。評価を通して活動に対する広範囲の理解を得、行政とも協力できる関係を作

るきっかけになることが期待された。フリースクールとオルタティブ学校という、理念等の異なる団体間での相互評価実践は、自団体の取組を省察したり、行政等と相互理解を形成する道筋を具体的に考える機会になったなどの成果があった。他方で、特に子ども達による評価の言語化の難しさや、相互評価の実施体制（日数や訪問者の人数など）には、検討課題が残った。

２．自己評価シートと相互評価制度の在り方検討についての考察

　加藤らが開発した自己評価シートは、これまでに大きな問題は指摘されていないようである。実際、フリースクールの多様性や自主性を重視し、子どもの権利条約を基盤した評価シートとして、よく考えられたものだとは言えよう。他方で、地域や行政との連携に関する項目が少ないことなど気になる点もあり、東京や神戸のような大都市ではない、地方のフリースクールを考えると、さらに検討が必要な事項もあると思われる。実際に、研究過程でヒアリング対象となったフリースクール等は県庁所在地などの都市部が比較的多い。

　地方にはフリースクールが少なく、不登校状態になった子どもの保護者等が立ち上げばかりのところや、拠点の整備も未完成なところがある。この点は、加藤らの研究に協力したフリースクールが、90年代には活動を開始していることとは事情が異なっており、経営基盤がまだ安定しないフリースクールの持続的運営を支えられる評価のあり方が求められる。

　他方、近年は行政や地域社会における不登校理解が、不十分ながら進んでいたりする。また人口が少ない市町村では、不登校児童生徒の社会的自立の保障を、重要な社会課題と認識しているところもある。このようなことから新設のフリースクールと行政の間には、対立関係ではないコミュニケーションがあったり、フリースクールの活動に地域住民が積極的に参加したりしている。不登校増加の背景には学校の息苦しさがあり、社会における学びや育ちについての理解の矮小化・狭窄化があると考えられる。各自治体の議会で各学校の学力テストの平均点の高低が追求されるのはその典型であろう。フリースクールと地域住民がともに子どもの育ちを支え、行政とも対話を進めることで、地域ぐるみで教育について考える機会が作れる可能性もある[12]。

　これらのことを考えると、加藤らの自己評価シートは地域との連携に関する項目が少ない、スクール外の人々の教育に対する理解の変容をめざす視点は見られないなど、「フリースクール内で行われる子どものための活動」に閉じているような印象も持つ。別の言い方をすると、発達保障の３つの系の内、個人の発達の系と集団の発展の系に関する記述はしやすいが、社会の進歩の系に関する記述が（全くできないというわけではないが）薄くなるように思われる。

Ⅴ．インタビュー調査

　前節２項で述べた問題意識を踏まえて、地方における新設のフリースクールが、地域社会を巻き込みつつ行っている活動を積極的に評価できるような評価視点について検討するため、非都市圏のＡ県で2020年度以降に活動を開始したフリースクール２校の代表と、同県のフリースクール連絡協議会の代表に協力を得て、インタビューを行った。

１．ＳフリースクールとＴフリースクールへのインタビュー

（１）インタビューの目的と対象スクールとの概要

　２つのフリースクールの概要を表１に示した。１つは里山地域、もう１つは町中にある。両者とも、低学年児も通いやすいフリースクールが近隣になく、また利用する子どもの増加を受け、拠点の移動や改装を行っている。これまでに、メディア等で紹介されたり、寄付の呼びかけをしたりもしてきた。

　２つのフリースクールにはそれぞれ、①活動内容とその決め方（子どもやスタッフの意思決定への参加を含む）、②子どもたちの変化、③保護者の変化、④行政や地域社会との対話の４点を中心にインタビューを行った。その回答の概略を、次項以降に*斜体*で示す。

表１．２つのフリースクールの概要

	Ｓフリースクール	Ｔフリースクール
インタビュー日時	2022年8月10日　1時間半程度	2022年10月20日　1時間半程度
所在地	A県東部の里山地域。JR駅からバスで1時間20分程度（＋徒歩10分程度）。古民家で、すぐ近くに集落のグランドがある。	A県北東部の市内。JR駅から徒歩10分程度の町中の古民家。向かいに公園がある。
所在市町の情報 （2023年3月） （児童生徒数は2022年5月）	人口：20,906人、 世帯数：8,606世帯 学校数：5校（児童数は556、300、83、82、81人）、中学校1校（486人）	人口：111,528人、 世帯数：50,122世帯 学校数：17校（児童数は753、692、626、621、601、535、339、330、314、250、241、168、127、116、105、94人）、中学校7校（764、662、468、417、356、274、72人）
活動開始	代表自身の子どもが登校を嫌がったために2021年5月に活動開始したところ、多くの相談が寄せられるようになり、9月に本格的に立ち上げた。最初は代表が運営する古民家カフェで活動。2022年4月に移転。インタビュー時は改装中。	学校教員退職を機に、2020年4月に活動開始。当初の予想を大幅に上回るペースで相談や利用児童生徒が増え、2年半の間に2回も移転した。インタビューをした前の日曜日に、新拠点の開所イベントを開催したばかり。
活動日数とスタッフ数	週4日活動（11月に週5に増加）。代表の他に常勤スタッフ1名と週1のスタッフが4名	週4日活動。常勤スタッフが3人。週2の人が1人。他に、学生スタッフと社会人スタッフがいて、合わせて1週間7人くらいが関わっている。約3人が常時いるようにしている。
在籍児童生徒	約15人が在籍。1日当たりは4人～10人。小1から中2までいる（小2が多い）。普段は学校に行っているが息抜きに来る子たちもいる。中学生が来るようになり、彼用の部屋（一人で本を読んだりできる部屋）を用意した。	25人以上。小学生から高校生までいる。毎日、10人くらい来る。他に、1日4組限定で、フリースクールにも入りにくい子どもや19歳以上の若者の相談窓口を実施。
メディアなど	活動開始以来、地方新聞に2回紹介されるなどしている他、町の人権講習会にも登壇している。	昨年には新聞にも取り上げられた。インタビューの翌週にはNHKが放映。4月に市内のショッピングモールで、学習会と展示会を開催した。
その他	・改装費用の一部にするために、「1000人から1000円プロジェクト」を実施中。 ・通学助成などの公費助成を求めている。	現在の建物の改修のためのクラウドファンディングを実施。保護者も一緒に、公費助成を求める署名と請願を出した。現在、家庭に対する通学助成があるが、他市町から来る子どもたちは支援がない。

(2)活動内容とその決め方(子どもやスタッフの意思決定への参加を含む)
〈Sフリースクール〉

【活動内容】 (大人の) エゴにならないように、子どもの反応を見ながらやってきた。地域に根付いた活動であってほしいという思いが、自分の中に一番にある。この町にはもともと農村体験や民泊体験があり、自分も参加していた。この町には地域力があると感じていたし、その地域力は住民にある力だと思う。地域の人も「何かしてあげたい」という思いがあるし、「役に立った」ということがエネルギーになると良いと思う。

社会とのつながりや、子ども同士のつながりは大事。地域が先生だと思う。いろんなことができる人が多い。まずは知り合いからお願いして、農村体験(柿とり、サツマイモ堀などの季節の仕事)や、山登りや山の植物の観察会をしている。料理を毎日してきたし、工作もしてきた。フリーマーケットで手作りクッキーを売ったりもした。お金を得るためだが、社会ともつながれる。生きた体験、生活自然体験を大切にしている。机上での勉強はいつでもできる。塾でもできる。体験は貴重だと思う。

【ベースにしている考え方】 子どもの権利条約をベースに、「子どもには権利がある」、「子ども最善の利益」、「子どもの意見の尊重」を基準にしている。「子ども達も居場所を選べるはず」という思いでいる。大人は職業選択の自由があるが、子どもに選択肢がないのは違うのではないか。

「学校に行っていなくても、生き生きと生きて行ってほしい」と思う。「居場所がある」ことが自信につながる。(地域の人にも)不登校の子ども達の存在を知ってほしいと思っている。コロナ禍を経て、理解されやすい時代になってきたと思う。協力してもらえる人に、サポートしてもらってきた。

【活動の決め方】 地域の年中行事や農業の様子を見ながら年間スケジュールを立てて、その後は都度都度(みんなで考えながら)具体化する。スタッフミーティングは月に1回行っていて、現在は2回にすることを考え中。
〈Tフリースクール〉

午前は me time でやりたいことをやって自分を大事にする。休息を原則に、体調や気分に合わせて、好きなことからやる。お絵描きをする子やプラモデ

ルを作る子などがいる。スマホを見ていても良いが、（音を出さないように）イヤホンはつけるようにお願いしている。ただ、小学校低学年ははじけていて、レゴブロックしようかとか、プラレールをしようとか言っている。

　午後はお弁当を食べて、子どもとスタッフで会議。イベントの内容を決めたり、午後からすること（鬼ごっこ等）を決めたりする。決定に従う必要はないが、決めたことは楽しくやっている。「＊＊教室」が週に一度あり、料理や木工、坐禅などをしにいく。参加したくない子は通常のスクールである。

（3）子どもの変化

〈Sフリースクール〉

　少しずつ自信をつけている。他の不登校の子に出会うことで安心感が出るようだ。ありのままの自分でいられるからこそ、自分の意見を言えるようになっていて、スムーズにコミュニケーションがとれるようになってきた（個々の子どものエピソードは割愛）。

〈Tフリースクール〉

　ひとりひとりの変化が劇的で、子ども自身が自分を変化させる力が大きい。エネルギッシュになって、要求や自我を出すようになる。（数日前の）移転記念イベントでも、大勢の前で歌ったりダンスを披露したり。初めて来たときは、フードをかぶって目も合わせない感じだったりもしたけれども、半年、1年でこんなに変わるのだなあと、子どもたちのエネルギーはすごいと思う。先日NHKが取材に来たが、保護者も子どもたちもよくしゃべった。

（4）保護者の変化（保護者にとってのフリースクールの意義）

〈Sフリースクール〉

　学校に行かないという子どもの意志や「子どもが出してくる価値観」を尊重することは、親にとって大変だが、フリースクールのような場所があると尊重しやすくなる。親は最初は不安だから、子どもの選択を受け入れられずに固まってしまうこともある。月1回、保護者の勉強会をやっている。当事者、フリースクール出身者の話を聞いてもらったりするうちに、親の視野が広がっていく。親も学ばないといけないと思う。

　ここでは「一人一人違う」というのがモットーで、各自が価値観を表現し

ないといけない。親も自分の価値観を表現しつつ、他の価値も受け入れる必要がある。また親が子どもの価値観を尊重できるには、親の社会生活（仕事など）を止めないほうが良い。学校に行かない子どもを、親だけが見るのは良くない。親は子どものことを何でも知っているから、親としか関わりがないと、子どもは親に押さえつけられてしまう。それは親にとってもしんどい。

〈Tフリースクール〉

4月に開催した学習会（含：展示）などは、スタッフ、子どもたち、保護者のみんなでやりたいと思ってやった。親御さんに手記を書いてもらった。エネルギーのいる作業だが、親御さんがどう変化してきたのかを知りたかったし、「子育ての記録をまとめる」ことは重要な学びだと説明した。たくさんの方が書いてくれた。学習会でも、話せる方は話をしてくださった。

特に父親は、学校に行くべきという考えが強い傾向があるが、半年一年たつと、子ども理解が進む。子どもが生き生きしている姿をみると、安心されるのだと思う。親の回を月に一回やっている。思春期の子どもへの働きかけや教育機会確保法について学ぶ。お母さんがお父さんを連れてくると、お父さんも劇的に変わる。夫婦で子ども理解があると、子どもはもっとのびのびして、次なるエネルギーが出てくる。

親の個別懇談の場も設けている。フリースクールに来て、親の悩みは軽減するが、悩みはある。手記に「地獄」という表現があった。それは理解してもらえないということで、不登校の子を持つ母親の苦しさを表している。

(5) 行政や地域社会・住民との関わり・発信したいこと

〈Sフリースクール〉

行政にはまず、教育機会確保法をちゃんと知ってほしい。あまりに知られていなくて驚いた。出席認定もされるようになってきた。良いことだが、事務が増える。こちらもなあなあで運営しているわけではない。フリースクールの役割を、こちらが使っている時間と労力にみあった形で、認めてほしい。これまで、何か変化があるたびに、行政にはこまめに話をしに行っている。

近隣地域の方々は、（フリースクールができて）子どもが増えて、喜んでくださっているようだ。

　学校に行けている子も行けていない子も、みんなが育てる町であってほしい。いずれはここも（学校と同様に）無償にしたい。町内の企業にも声をかけていきたい。企業の社会貢献にもなるように、互いにウィンウィンになるようにと思うし、企業さんにも、この子たちのことを知ってもらいたい。

　そういうことも通じて、また助成金などもいただいて、スタッフにも「地域の先生」にも、お給料や謝金を支払って、持続可能にしたい。助成金の書類書きがまた、大変だけれども。

〈Tフリースクール〉

　行政とは、最初からスムーズというわけではなかったが、現在は良好な関係で、ここまで足を運んでくださったりもしている。フリースクールと行政、学校長とで、年に2回の連絡協議会を開催している。スクール立ち上げ後に新聞が、3回にわたる丁寧な連載記事を書いてくれた。議員さんも次々に来てくれて、そのタイミングで請願を出して、保護者への助成が実現した。その過程で連絡協議会も出来た。（お金のことではなく）子どもたちをどう育てるのかの議論をしてほしいと、定期的に話をすることになった。

　スクールに来る子ども達は、学校に行っているかどうかの違いがあるだけで、みんなと同じだというメッセージを送りたくて、学習会や展示をした。子どもの写真とか、子どもが表現したものなどは、とてもリアリティがある（目隠しをする等の配慮は必要だが）。

　スクールの活動（＊＊教室など）には、地域の人たちが先生役をしてくれたり、社会人スタッフや学生スタッフとして参加してくれたりしている。

　（フリースクールの）評価をするなら、子どもの表現や、親やスタッフから見た長期的な変化、本人の思いを踏まえた評価であるべきだ。うちは「通信」を出していて、子ども達全体の評価を書いているつもり。「運動」の側面があるので、こんなふうに変容していったということは発信したい。

　保護者への助成は実現したが、フリースクールへの直接助成も必要だ。現在、5市から子どもが来ていることがネックだという意見があるようだが、それは違うと思う。子どもがどこに住んでいるかは関係ないはずだ。

２．A県フリースクール連絡協議会会長へのインタビュー

（1）概要

A県フリースクール連絡協議会（以下、協議会）は、県内の不登校児童生徒等にフリースクールや学習支援を行う団体や親の会の運営者等が連携し、行政等との協働を推進することを目的に、2022年5月に発足（協議会webサイトより）したばかりである。会長はA大学教授。専従職員はいない。協議会設置の経緯と活動の概要、および評価実施の可能性も含めた将来的な見通しについて話を伺った。以下に回答の概略を*斜体*で示した。

（2）協議会の設置の経緯

たまたま会長をしているが、大学が音頭を取ったわけではない。B市でサポートブックを作る動きがあり、B市だけでなく県内で広く作りたいから、大学に連携できないかという話があった。大学ではもともと、「居場所」活動を学内でやっていた。会を作るのにリーダーがいるが、当事者団体の人より、大学が良いということで私が会長になった。当事者の方々は強い思いやエネルギーがある。それとは異なる立場が良いだろうということで。

（3）活動の概要（目的と取組）

定款を作る過程で協議会の目的等をどうするか、思いを出し合った。ある程度の数で集まって行政に伝えるのは効果的。だが「行政にものを言う」というよりは、協議会に県や市町も入ってもらって、対立構造ではなく相互理解を図ろうと思っている。協議会の名前に県名を付して、固い名前にした意図もそこにある。行政とは、互いを理解するようにしたい。各市町の温度感も違う。結果として助成金等ができると良いが、ステップは必要だとも思う。

現在は、当事者の声を聴くアンケートを、年末年始にやろうとしている。アンケートと会員交流会とフォーラムの3つが大きな事業。定期的に県の「いじめ対策室」の人と面会していて、県の方も積極的に協力してくれている。情報交換会にも呼んでもらっている。

行政も上の方（文科省など）から、「（不登校児童生徒を）学校に（無理に）戻さないように」と言われるが、どうすればよいかわからないというのがあるのではないかと推測する。情報交換が重要と思っていると思う。そのよう

な中に、Tフリースクールが参加しているC市の連絡協議会などもあるのだろうと思う。当事者と行政だけでは話が煮詰まることもあるので、（大学教員である）自分が入ることになったのだろうと思う。

（4）評価や社会への発信など

行政からの委託事業で居場所をやっていると、議会説明用の評価を求められる。成績がどの程度上がったかとか、親御さんや本人の満足度評価とか。本来は数値評価ではない方法でやるべき。数値に頼るのは、対話がないからだ。（対話を十分にするには）市町レベルくらいの規模が良いようにも思う。

地域社会への発信については、現時点ではフォーラムの開催だと思う。協議会の会員になるのは関心の強い人で、一般の地域社会・住民に開いていくという意味では、講演会とか活動紹介だろう。フリースクールとも話していたが、当事者団体の勉強会などだと、「当事者団体がやっている」という感じになって一般の人には敷居が上る。地域社会とのつながりを作るためには、当事者団体性を薄める必要もある。我々のように大学でアイデアを取り持ったり、大学の授業で扱ったりすることなどが考えられる。

3．インタビューから見えてきたフリースクール評価のポイント

本項では、インタビューで語られたフリースクールの活動と連絡協議会の状況を踏まえて、第2節で述べた発達保障の3つの系を中心に評価の観点について考える。

まず、子ども一人一人の発達する権利に関しては、いずれのフリースクールでも子どもの意志や願い、その日の調子等を尊重した活動や意思決定が行われ、子ども達が自信を取り戻したり、自分の意見を言えるようになったりしていく姿が、明確に把握されていることが確認できた。

第2の民主的な集団や関係性構築については、フリースクールの運営等を決める会議が定期的に開催され、イベントの企画や準備に子どもや保護者も主体的に加わっていることが確認できた。

さらにいずれのスクールでも、保護者の子ども理解や親としての学びや成長を支えることについて、多くが語られていたことは注目に値する。なお「保護者の育ちを支援する」ことは、保護者の発達という意味では個人の発達の

系に、子どもたちと民主的な関係を築くという意味では集団の発展の系に、大人社会への働きかけという意味では社会の進歩の系に相当する活動で、３つの系のすべてに当てはまる。

　そして第３の、フリースクールが地域社会とともに育つという点については、近隣地域の住民や学生が、何らかの形で活動に参画していることと、同時に、フリースクールに通う子ども達についての発信が、様々な形で行われていることが確認できた。さらに行政とは、子ども達の育ちをどう支えるかについて粘り強く対話を継続していた。

　以上より、発達保障の３つの系を重視した評価のあり方は、これらのフリースクールの活動に即したものと言えるように思われる。またさらに、発達保障の３つの系とは異なる論点だが、次の２点も確認できた。

　１つは、それぞれのフリースクールは活動開始から１－２年の間に、利用者数の大幅増加といった大きな変化を経ていることである。武井（2016）は行政の助成を得る前と後で、児童生徒がフリースクールに辿り着くまでの経緯や、背景となる家庭環境等が変ることを示している。実はＳフリースクールが所在する町でも、来年度から通学助成が始まる見込みである。このような状況変化を評価の中でどう扱うのかは、重要な課題であろう。

　もう１つは、フリースクールの評価からは少し外れるが、フリースクール連絡協議会のインタビューから見えてきた事で、行政や地域社会との関係や相互理解の形成に際して、当事者であるフリースクールと当事者ではない大学が、それぞれに果たせる役割があるということである。子ども・若者の育ちを支え、教育のあり方を問い直していける社会を創出していくという観点から、大学が果たせる役割や立ち位置について示唆があったと思われる。

Ⅵ．総合考察

　最後に、前節のインタビューと第４節の加藤らの自己評価シートを比較検討した上で、地方の新設のフリースクールが、地域社会から支えられつつともに育っていけるための、フリースクール評価のあり方について考察する。

1．インタビュー結果と「自己評価シート」の相違点

インタビューを振り返ると、第4節の加藤らの自己評価シートの評価観点とある程度は共通する部分として、①一方的な評価ではなくコミュニケーションを重視し、数値ではなく記述（多様な表現）に重きを置くこと、②子ども・保護者・スタッフの意見表明と参画を重視すること、③それぞれスクールの理念や活動を尊重すること、の3点を挙げることができる。

他方、加藤らの自己評価シートには反映させにくい点として、①子どもたち一人一人の変容と子ども自身による表現を重視すること、②保護者の学びと育ちを支えることを重視すること、③近隣地域の住民等との協同、④個別のスクールの環境が短期間に変化することの4点がある。

このうち①に関しては、加藤らの自己評価シートでは、子どもの変化や育ちを記入するのは「学びや活動において成果のあった特徴的な取組事例」という箇所になる。これは「成果のあった取組事例」であり、子どもの育ちとはニュアンスが異なっているように思われる。②に関しては、加藤らの自己評価シートでは、保護者の意見表明と参画はあるが、不登校の子どもを持った親の子ども理解と学びを支えるという観点は含まれない。

③に関しては、加藤らのシートにも記述欄はあるが、重点の置き所が異なっているように思われる。地域社会に自分たちの存在を知らせていくと同時に、地域の人々を積極的にスクールの活動に巻き込んでいくところに、今回インタビューしたスクールの特徴があった。最後に④について、加藤らの自己評価シートは、3年以上は安定的にスクールが運営されていることが前提になっているように思われ、活動開始からの年数が短いフリースクールには記述しづらいように思われる。

2．フリースクールが地域と共に育つための評価についての私論

前項で見たような、加藤らの自己評価シートとインタビュー結果との違いは、前者が「子どもの成長中心」で設計されているのに対して、後者は子どもの成長、保護者の成長、地域社会の変化の3つをほぼ同等に中心においている点にあるように思われる。もちろんインタビューしたフリースクールでも最も大事なのは子ども達だが、だからこそ保護者の成長と地域社会の変化

を積極的に意識している。この点を踏まえると加藤らの自己評価シートは、SフリースクールやTフリースクールが力を入れている活動を反映するには限界があるように思われる。

　また現状では、「自己評価シート記入による相互評価」自体を相対化して捉えるべきであるとも思われる。特に、公開学習会や発表会などの、当事者の表現を基軸にした方法との組み合わせは必要だろう。当事者による表現は、地域の人々との交流と理解の拡大のためにも重要である。そしてそのような方法も積極的に取り込めるような、評価機構を作るべきではないか。

　このように考えてくると、スリースクール評価は比較的小さな地域単位などで行われるほうがふさわしいように思われる（加藤らも、まずはそれを期待している）。ただしその実践を、全国規模に発信することも必要である。そうでないと結局、大都市のスタンダードが全国スタンダードになってしまう恐れがある。この点に関しては、大学や研究者の役割も重要と思われる。協議会のインタビューでも、「当事者や支援者ではない大学関係者の役割」が敢えて期待される場面への言及があった。

　なお、2021年3月の大学評価学会大会において早田幸政は、学問の自由が保障されるためには日本の認証評価制度ではなく、米国型のアクレディテーション（政府が認証する評価機関ではなく、大学が集まって評価機関を作るというもの）が望ましいと指摘している[13]。同様の指摘はフリースクールにも当てはまるだろう。ただ現状では、フリースクール連絡協議会などの組織もできたばかりで、評価組織への発展可能性は未知である。

　現時点では連絡協議会の活動の主目的が、関係者同士の相互理解の促進にあることを踏まえて考えると、「自己評価シートを利用した相互評価」のような形には拘らず、フリースクール相互の見学会や交流会、各スクールが開催する学習会や発表会に相互参加し、その記録を積み重ねるところから始めていくのが現実的なようにも思われる。それは、「子どもの発達を中心に」、「関係者の民主的な参加と協同を得て」、「社会のあり方を同時に問う」という点で、発達保障の3つの系にもかなっている。相互参加の記録などを、それが行われる地域単位で取りまとめて、必要に応じて大学の協力も得ながら、

行政等に向けて発信することなどが考えられる[14]。各地でこのような取組と発信が広がっていけば、それぞれのフリースクールが子どもたち、保護者、スタッフ、そして地域住民とともに育っていけるような、有効かつ実践可能な評価のあり方についての合意を形成していけるのではないだろうか。

【注】

（１）文科省が2022年10月に公開した2021年度の不登校児童生徒数は244,940人で、前年より48,813人（約25％）増加した。9年連続の増加で、これまでは2万人弱ずつ増加していたのに比べると急増である。

（２）大分合同新聞によると、大分県では2018年は7団体だったものが、2021年には22団体に増加しているという（心理科学研究会2022年度春の全国集会における武井哲郎氏の講演「不登校児童生徒の権利保障と官民の連携―非営利型民間フリースクールの位置づけに着目して」による）

（３）2019年7月25日開催の大学改革支援・学位授与機構主催の大学質保証フォーラム「変革期における大学質保証」における議論による。当日は、インドと米国のアクレディテーション団体の上位団体からの報告があった。（2022.10.08閲覧）https://www.niad.ac.jp/event/event2019/uqaf2019.html

（４）横井（2018）は、後述の教育機会確保法制定に関わった主体・潮流を①自民党内の市場的規制緩和論、②フリースクールネットワーク・民主党等の子どもの権利保障としての学びの場の多様化論、③親の会ネットと共産党・社民党等の共同教育論、④自民党内多数派の国民統合論の4派に区分している。

（５）発達保障の3つの系については、京都教職員組合養護教育部（1988）による田中昌人講演録に詳しい説明がある。

（６）包摂性は、障碍や貧困といった課題を持つケースにも可能な限り門戸を開くこと、民主性は、子どもの自己決定権や意見表明権を尊重すること、共同性は保護者とのパートナーシップを基盤としたコミュニティを構築すること、運動性は一条校を中心とした教育制度の変革をめざすことである。

（７）この立場には、すべての子どもの学ぶ権利を保障できる場へと学校を変えていくべきという立場と、すべての子どもに共通の教育を受けさせることで国民の統合を図るべきという立場の、2つの相異なる立場がある。

（８）NPO法人フォロ副代表で「不登校新聞」元編集長の山下耕平氏も反対していた一人だが、2021年10月10日に行われた講演会（子ども情報研究センター「大阪の子ども施策を考える市民研究部会」主催）で「学校に行きづらい子どもたちの居場所は増えたが、逃げ場所は少なくなってきている」と指摘していたことは印象深い。また彼は「個別学習計画は今後、形を変えて出てくる」と警告している。

（９）ネット検索をすると2022年10月現在でも、教育機会確保法成立後に個別学習計画の復活を含む法改正を主張している文書がヒットする。例えば、「2019年5月13日　於文科省」として東京シューレ理事長の奥地圭子氏の名前で出されている『「普通教育機会確保法～3年で見直し」に向けて』において、「学校外の学びを希望する子どもの親に対し、たとえば馳座長試案にあったような何らかの方策（ex.〝個別学習計画〟）が取れるよう、附則3に則って改定をのぞみたい」と書かれている。

（10）吉田（2020a）はこの中間支援組織の役割を、①学びの場の自助的な相互支援、②学びの場の質の相互評価・相互認証、③スタッフ・教員の養成・研修、④公民連携、⑤実践研究、交流、情報収集、調査、⑥対外的な情報提供・発信・広報としている。また、吉田（2020b）は科研費研究報告として、海外のオルタナティブ学校の評価実践に関する資料収集も行っている。

（11）https://www.mext.go.jp/a_menu/shotou/seitoshidou/1397806_00001.htm

（12）このことは、石井（2016）が「国家統制的で画一的な学校行政との対比の中で、保護者・子どもの学校参加を通じてあるべき学校経営を追求してきた」と評価する70-80年代に有力な実践が生み出された「学校づくり」の理念にも通じるものがあるように思われる。

（13）西垣（2021）参照。
（14）大学評価の文脈だが、文科省のAP事業があった頃、採択された大学群に1大学ずつの幹事校を置き、類似したことが行われていた。

【引用文献リスト】

・石井拓児．福祉国家における義務教育制度と学校づくり：「多様な教育機会確保法案」の制度論的・政策論的検討．日本教育政策学会年報，vol.23, 2016, pp.28-43.
・加藤美帆．フリースクールと公教育の葛藤とゆらぎ：教育機会確保法にみる再配分と承認．教育学研究．Vol.85, No.2, 2018, pp.175-185.
・加藤進．フリースクール等の支援のあり方に関する調査研究（平成29年度研究報告書）．2018
・加藤進．フリースクール等の支援のあり方に関する調査研究（平成30年度研究報告書）．2019
・加藤進．フリースクール等の支援のあり方に関する調査研究（令和元年度研究報告書）．2020
・https://www.mext.go.jp/a_menu/shotou/seitoshidou/1397806_00001.htm
・京都教職員組合養護教育部．田中昌人講演録：子どもの発達と健康教育③．クリエイツかもがわ，1988
・倉石一郎．「教育機会確保」から「多様な」が消えたことの意味：形式主義と教育消費者の勝利という視角からの解釈．Vol.85, No.2, 2018, pp.150-160.
・前田早苗．アメリカの大学基準成立史研究：アクレディテーションの原点と展開．東信堂，2003
・前川喜平．教育機会確保法の意義と今後の課題．教育関連学会連絡協議会「公開シンポジウム すべての市民に無償の普通教育を！―日本学術会議分科会提言からの問題提起―」報告書，2021
・西垣順子．学ぶ権利の実質を保障しうる大学評価のあり方を探る（1）．大学評価学会．現代社会と大学評価．vol.17, 2021. pp.64-74.
・信田さよ子・上間陽子．言葉を失ったあとで．筑摩書房，2021
・武井哲郎．不登校児童生徒への対応にフリースクールが果たす役割の変容：行政との連携による影響に着目して．日本教育行政学会年報，vol.42, 2016, pp.113-129.
・武井哲郎．新しい日常における学習機会の多様化とその影響．教育学研究．Vol.88, No.4, 2021, pp.545-557.
・武井哲郎．"不登校の実態と居場所づくりの挑戦"．不登校の子どもとフリースクール：持続可能な居場所づくりのために．武井哲郎・矢野良晃・橋本あかね．晃洋書房，2022, pp.1-10.
・武井哲郎・ふぉーらいふ・神戸フリースクール・デモクラティックスクールまっくろくろすけ・橋本あかね．多様な学びの場における自己評価・相互評価の実践記録と内容分析：兵庫県のオルタナティブ・スクールで行われた取り組みから（報告書）．2022
・https://researchmap.jp/tetsurotakei/others/38431791
・横井敏郎．教育機会確保法制定論議の構図―学校を越える困難―．教育学研究．Vol.85, No.2, 2018, pp.186-195.
・吉田敦彦a．世界が変わる学び：ホリスティック、シュタイナー、オルタナティブ．ミネルヴァ書房，2020
・吉田敦彦b．科学研究費補助金基盤研究（C）（No.16K04780）「日本のオルタナティブ学校の教育課程・学習計画・認証評価・スタッフ養成に関する研究」研究成果報告書，2020

Developing an evaluation method for free-schools for children to support their growth in local communities

NISHIGAKI, Junko

Osaka Metropolitan University

Keywords

New free-schools in rural area, public support for free-school, evaluation based on the three guaranteeing systems for human development.

Abstract

Japan is seeing an increase in children who are unable to go to school. These children need settings where they are taken care of from an educational perspective and where they can spend the daytime with their friends. Such places are called "free-school" in Japanese, which are operated by some groups and nonprofit organizations. Free-schools are extremely difficult to manage financially , because they are outside the public education system. Hence, an evaluation system for free-schools is required so that they could receive continuing public support.

This research aims to consider how to create an appropriate evaluation system for free-schools from the viewpoint of the three systems that guarantee human development: the development of individual persons, the advancement of groups and organizations, and the progression of society. We reviewed the manner in which Educational Opportunity Securing Act was established focusing on the discussion how to assure the quality of children's learning out of schools. After the passage of the Educational Opportunity

Securing Act, discussion have been ongoing on the evaluation system for free-schools. A research group entrusted by MEXT has developed a self-evaluation sheet that free-schools use for mutual evaluation.

Although this self-evaluation sheet seemed well-thought out, it is unclear whether it could be appropriately used by new free-schools in rural towns and villages. The contents of activities and the relationships among neighborhood communities of new free-schools in rural areas seemed different, to some extent, from those of free-schools with a long history of activities. Then we interviewed the directors of two free-schools, that started operating within the past two year and a representative of a free-school network in a prefecture.

The interview data showed both common grounds and incongruence between the evaluation method of the self-evaluation sheet and the activities of the new free-schools. The commonalities were that they (1)emphasize communication and use free descriptions: (2)highlight the importance of the expression of opinions and participation by children, parents and staff: (3)respect each free-school's philosophy and various activities. There were four points on which the new free-schools focused their efforts but that were difficult to include in the self-evaluation sheet: (1)a description of each child's developmental change and expression by the children themselves, (2)support for parental growth and learning, (3)participation of neighborhood people in daily learning activities, and (4)rapid changes in the environment of each free-school. Ways to compile evaluation practices were discussed based on these findings.

《研究ノート》

女子大学における教育プログラムの設立と実践（1）
〜プロジェクトマネジメントの学問性の検討〜

和田雅子（藤女子大学人間生活学部人間生活学科　特任教授）

Ⅰ．はじめに－問題提起

　今日の少子化の波は、大学入学資格者の分母が縮小することから、筆者が勤務する女子大学においては一層の悲哀をもって受け止められている。女子大学数の減少と反して、学部学科等の新設・再編を行うのは、時代に対応した教育を提供する上で必要なことで、データをみても学部数は多くなっている。しかしながら提供している学問分野は共学に比べると限定的であり、女

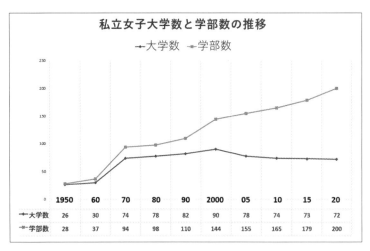

図１．私立女子大学数と学部数の推移

性の社会進出に伴う要求に応えられていない。もともと文学、家政学、教育学系の学部が多い女子大学は、1985年に施行された男女雇用機会均等法に伴う社会の雇用市場の変化を境に、その存在感が低下し続けている。令和の現在においても女子大学は、新たな時代の女性像を提示する女子大学としての存在意義を提示できないでいるのではないだろうか。

　大多数の女子大学が小規模経営の私立大学である中で、現在ある資源（人的、環境、基盤等）を最大限いかし、これからの時代を生き抜く学生にどのような学びを提供していくことが必要なのだろうか。本研究はこの社会背景のもと、女子大学の存在意義について分析、検討をしていくことを最終的な目的としているが、その始発として筆者が勤務している女子大学において2018年に立ち上げた「プロジェクトマネジメント専修（以下本文ではPM専修）」でカリキュラムを実践してきた事例から、1サイクル4年間の取組みを総括していきたい。ひとつの教育領域の立ち上げにかかわった貴重な経験をもとに、女子大学の存在意義をみていくところまでたどり着くには多様な分析、検討と長い道のりが必要となる。今回はまず、プロジェクトマネジメントという学びの領域に関するまとめと学問性の検討をしていく宣言を行い、次回以降で、実践で得た結果、さらに総括を経た女子大学の存在意義についても纏めていきたいと考えている。

Ⅱ．プロジェクトマネジメント専修の学び

1．藤女子大学人間生活学科

　藤女子大学は北16条キャンパスにある文学部（英語文化学科、日本文化学科、文化総合学科）と、花川キャンパスの人間生活学部（人間生活学科、食物栄養学科、子ども教育学科）に分かれ、人間生活学部は実学重視の3学科が揃っている。PM専修は人間生活学

図2．藤女子大学人間生活学科3専修の学び

科にある３専修のひとつで、もともと古くからある現代家政専修、社会福祉専修に加えて開設された。

　人間生活学科は、人間生活の視座から社会を研究する学科として、創設時からある家政学を人間生活基盤とし、のちに加わった社会福祉学を人間生活支援、そして人間生活の協働を学ぶプロジェクトマネジメントを、講義と実践で提供し、卒業時には人間生活学という学位を授与することになっている。

２．プロジェクトマネジメントが目指す学び

　大学で学問領域や学びの体系を新設する際、関係教職員は、新たな知の領域を創るという程の心意気でカリキュラム等をつくるのではないだろうか。本学のPM専修のディプロマポリシーは、「立場の異なる他者との協働の中で考えを整理し、プロジェクトを企画・運営・評価することができる」とし、「人間の多様性を生かし他者と協働した場の企画・運営を目指す」というアドミッションポリシーのもとで、講義と実践系の科目を設置。地域課題、地域貢献等の社会課題をテーマに、地域に貢献できる人材の育成を実践。これらのポリシーのもと、プロジェクトマネジメントを「あらたな教養」として位置付けている。

　大学の教養科目のひとつとしてプロジェクトマネジメントを位置づけたいという思想は、前述した、女子大に特徴的な学部構成の、文学、家政学、教育と同様の本学の学びの体系の中から生み出されている。新しい女性教育の学びのひとつとしてプロジェクトマネジメントを基礎教養として位置づけることで、本学の新たな個性として特徴づけることができるのではないか。さらに、女子大学が果たすべき、社会で活躍できる女性のためのリーダーシップ教育にも貢献することができるのではないかと考えてのことである。そして、「プロジェクトマネジメント学」なるものの構築の可能性に向かって、その可能性を検討し、隘路を進むことが重要なのだと考えている。

Ⅲ．プロジェクトマネジメントの学問性の検討

１．プロジェクトマネジメントの学び

　人間生活学科のPM専修が提供する学びを学問として構築することを目指

す際には、体系立てて学問的方法論を検討することが必要であろう。

　もともと近代のプロジェクトマネジメントは、代表的なところではNASA等の宇宙開発プロジェクトなど多国籍間のスタッフの間で、ミッションを合理的に達成させるための実践的なスキル等をまとめて発展してきた知識体系であり、そのために「日本型PM知識体系の開発と資格制度の導入」で構築されたP2M（プログラム＆プロジェクトマネジメント）では、10のマネジメントスキル（コミュニケーションマネジメント、ステークホルダーマネジメント、タイムマネジメント、スコープマネジメント、資源マネジメント、コストマネジメント、調達マネジメント、品質マネジメント、リスクマネジメント、統合マネジメント）を駆使してプロジェクトを実践していくことなる。

　これらの具体的な知識体系と、プロジェクトマネジメント学構築の方法論探しの間には暗くて深い河が流れているようだが、あわよくば本学の学びを特徴づける学問的潮流とまではいかずとも、新しい学びの萌芽が人間生活学科にはあるという期待値を提供したい野心が、プロジェクトマネジメントという「学」づくりへの道のりを遠くする。いずれにしろプロジェクトマネジメントの学問性について思索を続けることは、重要であることは言うまでもない。

　P2Mでは、プロジェクトの定義は「プロジェクトとは、特定使命「project mission」を受けて、資源、状況などの制約条件（constrains）のもとで、特定期間内に実施する将来に向けた価値創造事業（value creation undertaking）である」であり、プロジェクトマネジメントは「プロジェクトの目的を達成させるための管理を行う」こととしている。本学のプロジェクトマネジメント教育はこの基本概念のもとで実施している。取り組んでいるプロジェクトは、地域の社会課題に向き合うテーマであったり、組織の社会的責任（CSR; Cooperate Social Responsibility）に関わるテーマ等を設定し、産学官でプロジェクトに参画、実践していく。

　このように大学でプロジェクトマネジメントの学びを提供していることを、「実学」「実践的学び」とよく呼んでいるし、筆者も学生に説明する際はそのように話している。そしてこれらを学問的視点で表現するならば、「学際

的」というのであろうか。

　山田（2006）はマスメディア研究においてマスメディアをひとつの「学（ディシプリン）」とするための方法論を研究しているが、ひとつの学を形成するというときに、「あるものがさまざまな研究領域の、特殊ではあるが、重要であることは広く認識されている下位部門であるとみえるとき、人はそれを「学際的」（interdisciplinary）領域と呼ぶ」と述べている。学とまでいかなくてもプロジェクトマネジメントが学際的である、あるいは学際的であるべきと認識するために、どのような視点が必要であろうか。

　山田は同時に、この学際的であるという表現は曖昧で危険な表現であるとも述べている。「あたかも新しい「領域」の発見であり、新しい個別の「学」として確立され公認されたかのように思えてしまう」からである。

　いま本学科で我々が教育として提供しているプロジェクトマネジメントの学びを、新たな学びの萌芽として捉えることが叶うのか、そのように考えることさえおこがましいことなのか、現在のところは分からないが、そこに向かう姿勢が重要であることは確かである。学問の手前の、せめて学際的であるといえるために、プロジェクトマネジメントの知識体系と学問的方法論の融合を試みることは、少なくとも、同時進行で進んでいる学生への教育に、本当のところ我々教員が何を提供しているのか、という現況を把握し、教育カリキュラムの改善へとつなげることができるからである。

　ここでいったん、PM専修で具体的に提供している学びの体系について整理しておく。プロジェクトマネジメント教育の基本的な構成内容をまとめておくことで、プロジェクトマネジメントの学問性を検討する方法論へとつながる「秩序」をみつけていきたい。

２．カリキュラムとPM知識体系

　プロジェクトマネジメントの学びと学問的方法論の探索、融合を検討する前に、PM専修のカリキュラム体制について整理しておく。

　PM専修のカリキュラムは、本専修の基盤領域となる「プロジェクトマネジメント」を基盤に、技法系の科目をまとめた「学びの技法」、ファシリテーションスキルやチームビルディング等の科目をまとめた「ワークショップ

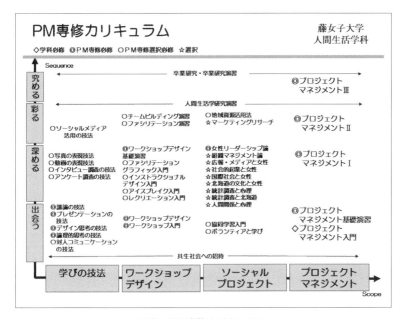

図3．PM専修カリキュラム

デザイン」、そしてリーダーシップや統計調査等をまとめた「ソーシャルプロジェクト」と、4領域の学びを設置し、座学と実践を組み合わせたPBL型の授業を積極的に展開しているのが特徴である。

　プロジェクトマネジメントのカリキュラム領域では、プロジェクトを実践するための知識として、NPO法人日本プロジェクトマネジメント協会で発行しているP2M（プログラム＆プロジェクトマネジメント）知識体系を導入している。同協会との連携では協会が発行している大学生むけのPMCe（プロジェクトマネジメントコーディネーターエントリー）資格制度も導入。1年生から3年生対象の科目に履修条件等を設定し、教務ガイドの取得可能な資格にも掲載している。

3．方法論構築にむけた秩序の整理

　これまでPM専修の学びについて整理してきた。プロジェクトマネジメント教育には講義と実践が伴う。実際にPM専修では学びと実践をバランスよ

く配置したカリキュラムを設計している。そして実践部分では、地域貢献に資する地域の課題に向き合うことを目的とし、行政、NPO、企業等の外部機関と連携してプロジェクトを進めている。学生は講義で学んだ知識を実践することでPDCAサイクルをまわしていく。マネジメントスキルを実践することで、社会課題の解決に貢献するという目標を達成していく。

　プロジェクトマネジメントの学問性を検討するにあたり、これらのふるまいに共通する秩序にはどのようなものがあるだろうか。

　前述の山田（2006）は、マスメディア学構築の可能性研究の過程で、「広報メディア研究」の学問性について考察することが、一般的に考えられているような、マスメディアとはなにか、広報とは何かと問うことではないとし、必要なことは、「激しい分化」と統合の過程にある現代社会をどう認識するか、その思考の準拠枠を考察することであると述べている。この考えに準拠してプロジェクトマネジメント研究の学問性について考察してみる。そうするとプロジェクトマネジメントがアクターとなる舞台が、主に産業社会であることが同定できるだろう。「産業社会」は、プロジェクトマネジメントを語る上で重要な圏と同定できるだろうか。産業社会において、プロジェクトマネジメントがどのような「位置」を占めていて、どのような「役割」を担っているのか、またプロジェクトマネジメントが産業社会にとって「無視できない存在」であれば、それは「社会制度」として存在しているとも述べていることから、このことについても検討する余地がありそうである。但し、プロジェクトマネジメントの、マネジメントのほうに重きをおくことで、「社会的行為」についての関係性を主にして検討する必要もでてくるだろう。

Ⅳ. まとめと今後の課題

　PM専修の開設から4年間、プロジェクトマネジメント教育の実践にあたり、連携機関の協力のもとで教育を実践してきた。PM専修で提供する学びは、例えば総合大学や理系の大学のように、大学に研究開発の資源や環境があり、連携機関と同じ立ち位置で協同して何かを成し遂げるというプロセスを踏むことができない。本学科の学生が外部機関と連携していく学びを通し

て、０から１を生み出す力を醸成していくこと、そしてそのことを求めている機関と連携していくことが、プロジェクトの成功につながっていることもわかった。こうした学びづくりの経験が、プロジェクトマネジメントの学問性を跡付ける営為のひとつになると考えている。

　規模の小さな女子大学が、存在している組織構成から新たな学問性の萌芽を見出し、昇華させていく営みはスタートラインにもたどりついておらず、４年間の経験を分化させている端緒についたばかりである。またこの研究ノート自体が散逸的なメモの域を出ていないのは、ひとえに筆者の力量不足によるものである。しかしながら、千里の道も一歩からの教えのもと、今後とも愚直に歩んでいくしかない。

　プロジェクトマネジメントの学びはカリキュラム改編の時期を迎えており、より効果的な学習効果が得られ、同時に学外連携機関にとっても有益な機会を提供しながら今後とも発展させていく改善段階にきている。今後も引き続き、①プロジェクトマネジメントの学問性について検討し、②カリキュラムの改善にかかる検討の視点づくり、③女子大学における女子教育への貢献の可能性、等について検討していく。

【引用文献】
（１）安東由則．日本における女子大学70年の変遷－組織の変化を中心に．武庫川女子大学教育研究所研究レポート．2017, 47, p.1-31. https://www.mukogawa-u.ac.jp/~kyoken/andoh.pdf,（入手2021-07-01）
（２）武庫川女子大学教育研究所．"女子大学における学部名と学部数の推移表27-1"．武庫川女子大学教育研究所．2021. http://kyoken.mukogawa-u.ac.jp/wp-content/uploads/2021/12/21_12_27-1.pdf,（参照2021-07-01）
（３）山本和代・藤村久美子．女子大学の存在意義に関する比較研究－アメリカ・イギリス・韓国・日本－．東洋英和女学院大学人文・社会科学論．2001. 18. p.127. https://toyoeiwa.repo.nii.ac.jp/?action=pages_view_main&active_action=repository_view_main_item_detail&item_id=1563&item_no=1&page_id=28&block_id=51,（入手2022-07-01）
（４）日本プロジェクトマネジメント協会．"協会の沿革"．日本プロジェクトマネジメント協会．https://www.pmaj.or.jp/kyoukai/enkaku.html,（参照2021-10-20）同協会とは2018年度に包括連携協定を結び、教育教材の提供や資格の導入を行っている。
（５）藤女子大学．人間生活学科アドミッション・ポリシー　https://www.fujijoshi.ac.jp/dept/humanlife/human/ad_policy/
（６）藤女子大学．人間生活学科ディプロマ・ポリシー　https://www.fujijoshi.ac.jp/guide/diploma/hum_dip/
（７）日本プロジェクトマネジメント協会編．プロジェクトの概念第２版．2020.p2-7.
（８）山田吉二郎．広報メディア研究の『準拠枠』：パーソンズ行為理論の適用可能性について．国際広報メディアジャーナル．2006. 4. p.50-51.

Establishment and Execution of Educational Programs in Women's Colleges and Universities (1) -Examination of Academic Significance of Project Management-

WADA, Masako Ph.D.

Specially Appointed Professor

Faculty of Human Life Sciences, Department of Human Life Studies,

Fuji Women's University

Keywords

Project management, Women's college and university, Academic significance

Summary

Women's colleges and universities are viewing the issue of today's declining birthrate with increasing distress. The disciplines (courses) offered by women's colleges and universities are mainly literature, home economics, and pedagogy, and narrower than the curriculums offered by co-educational institutions. With the changes in the employment market in society after the Equal Employment Opportunity Act enacted by the Japanese government in 1985, the significance of women's colleges and universities has been declining with increasing speed. This issue raises the question, "What kind of learning opportunities should women's colleges and universities offer to students to equip them to live through the age to come?" This study sets as the final goal to analyze and examine the significance of the role of women's colleges and universities in this social context. To achieve this, the author reviews the efforts of past four-year cycle at the university where the author is employed, focusing on the curriculum implemented in the "Project Management Program" (PM Program), which was established in 2018 in the Department of Human Life Studies of the university. In the study, the author explores the academic significance of project management as a field of study, and in a further study, the author will summarize the results obtained through the experience and discuss the significance of the roles of women's colleges and universities.

Typically, modern project management is a knowledge system that has developed by integrating practical skills to reasonably achieve missions among a multinational staff, such as in the space development projects by the National Aeronautics and Space Administration (NASA) and others. For this reason, a project manager training program, P2M (Program and Project Management for Enterprise Innovation), which was developed by the Project Management Association of Japan as a part of a project for the "Development and Introduction of a Japanese PM Knowledge System", introduces 10 management skills to implement projects.

Yamada (2006) has been studying methodologies to make mass media a "discipline" in mass media research, and in connection with the formation of a discipline, states that "when something is widely recognized as a unique and important sub-division of specific research fields, people call it an 'interdisciplinary' area." Here, what kind of perspective is needed to recognize that project management is or should be interdisciplinary, not to say discipline? At the moment, we do not know whether the project management education offered in our department can be considered as an offshoot and so as a new study field, but the attitude shown toward this is certainly important. This is considered to be because trying to integrate project management knowledge systems and academic methodologies to make a PM Program interdisciplinary, and stand at the forefront of a discipline, allows us to understand the current status of what kind of contributions we, the faculty, are really making to the education for the students, and to improve the educational curriculum while making efforts to explore more contemporary disciplines.

《資料》

わが家の家計簿（2003年〜2021年）にみる
教育費負担の実際
―子育て・教育に係る漸進的無償化の進展と課題―

川内紀世美（大阪健康福祉短期大学）

Ⅰ．はじめに

　2010年発行の『平成21年度文部科学白書：我が国の教育水準と教育費』（以下、『白書』）[1] において、子育て・教育に係る「家計負担の現状」として、大学段階での教育費の家計負担が大きいことが述べられた。その2年後、2012年に、日本政府は国際人権A規約13条における「無償教育の漸進的導入」の留保撤回を国連に通告した。そして、「種々の形態の中等教育（技術的及び職業的中等教育を含む。）」ならびに「高等教育」において「無償教育の漸進的な導入」がなされることとなった[2]。2019年10月には「幼児教育・保育の無償化」が始まり、2020年4月から「高等教育の修学支援新制度」が実施され、授業料等減免制度が新たに設けられ、給付型奨学金の支給の拡充が進められた。

　2022年は、日本政府が国際人権A規約13条における「無償教育の漸進的導入」の留保撤回を国連に通告してから10年の節目にあたる。子育て・教育に係る家計負担の軽減の実態を、筆者自らの家計簿をもとに明らかにする。2021年までの18年にわたる我が家の家計は、まさに留保撤回の年をまたいでいるとともに、日本の親が抱える経済的不安を少なからず映し出している。さらに、子育て・教育に係る家計負担の軽減への国家政策および地方施策、とりわけ少子高齢化に危機感を抱く地方の施策が家計にもたらした恩恵と、

日本の漸進的無償化の進展と課題を探る。

Ⅱ．家庭の所得：国税庁「民間給与実態統計調査」を踏まえて

1．2001年から2021年にかけての所得の推移

　国税庁長官官房企画課「令和3年分民間給与実態統計調査」[3]によれば、1年を通じて勤務した給与所得者数は5,270万人となっており、日本の人口のおよそ4割となっている。そのうち、正社員（正職員）は3,588万人で給与所得者の68.1％を占めている。0歳から、成人年齢18歳に達するまでの子ども、あるいは高等教育を受けている18歳から20代の子どもをもつ親がこの給与所得者に当然のことながら含まれるであろうが、子どもが経済的に自立するまでの子育ての期間が15年ないし18年あるいは20年以上にわたることを鑑みれば、給与所得者のうち相当数が子育て中の親であるといえる。

　上掲の統計調査においてはまた、年齢階層別の平均給与について、男性では55〜59歳の階層の平均給与が687万円と最も高くなっている。男女合計の平均給与は同じく55〜59歳で最も高くなっており、529万円である。19歳以下が133万円、20〜24歳が269万円、25〜29歳が371万円、30〜34歳が413万円と年齢とともに平均給与は徐々に上昇し、35〜39歳で449万円となり、19歳以下および70歳以上を含む全体平均の443万円に近い水準になっている。

　また、給与階級別分布では、300万円超400万円以下の者が9,145千人（構成比17.4％）で最も多く、次いで400万円超500万円以下の者が7,882千人（構成比15.0％）、200万円超300万円以下の者が7,818千人（構成比14.8％）と続き、給与所得者の47.1％が200万円超500万円以下となっている。

　以上のことから、40歳までの父母が共働きだとしても、家庭の所得が1,000万円に満たない家庭が多く、20代の父母であれば、2人の給与を併せて600万円〜700万円の家庭が平均的であるとみるのが妥当であろう。

　所得は給与所得に限らないものの、給与所得のみを頼りに生計を立てている家庭は多いはずだ。『白書』では、「図表1-1-2：家計の所得と教育費」[4]で「教育費支出が、実際に家計にとってどれほどの負担になっているのかを

　図示し」、「子ども二人が私立大学に通っている場合には、勤労世帯の平均可処分所得の1/2超を教育費が占めて」いるとしている。この図表では、総務省の「平成20年家計調査年報」[5] の平均可処分所得を用いている。ところが、10代、20代の可処分所得は「30歳未満」としてひとくくりにされており、『白書』においては30歳に初婚を迎えて子どもをもつという想定で、10代や20代で子育てを始める親の子育て・教育費支出は考慮されていない。

　国税庁の「民間給与実態統計調査」と総務省の「家計調査年報」の平均可処分所得は同一視できないものの、年代別の給与と可処分所得の推移の傾向は類似している。国税庁の民間給与実態統計調査では、19歳以下、20〜24歳、25〜29歳と、5歳刻みで70歳以上までの年齢階層に分けて図示されている。「平成20年分民間給与実態統計調査」[6] では、平均給与が19歳以下では134万円、20〜24歳では248万円、25歳〜29歳では343万円である。

　上掲の「令和3年分民間給与実態統計調査」をもとにすると、第1子を10代あるいは20代前半で育て始めるとなると、若い親ほど家計に占める教育費が大きくなり経済的負担が大きい傾向にあると考えられる。また、平均給与は男性に比べて女性は低くなっており、母子世帯の教育費負担はさらに大きいと考えられる。女性の平均給与は、「年齢による格差はあまり顕著ではない」と報告されており、令和3年では、25歳から59歳までは女性の平均給与は300万円台であり、45〜49歳および50〜54歳の328万円が最も高くなっている。男性で最も高い55〜59歳の687万円と比べるとその半分を下回っている。

　『白書』の「家計の所得と教育費」はあくまでも平均的な傾向を説明するものに過ぎないが、それにしても家計の教育費負担の重さをあらわしている。家族形態の多様化、経済状況の激しい変化等により、親によっては家計に不安を抱えながら子育てする時代であるといえよう。2001年から2021年の国税庁の民間給与実態統計調査における年齢階層別平均給与の推移をみると、2009年が最も低い水準であり、日本政府が国際人権A規約13条における「無償教育の漸進的導入」の留保撤回を国連に通告した2012年は平均給与が低迷している時期である。その後、平均給与は徐々に上昇してきているが、

2021年に至っても2001年の水準には回復していない。（図１）

〔万円〕

国税庁長官官房企画課「民間給与実態統計調査」（平成13年分から令和３年分まで）をもとに（筆者作成）

図１．年齢階層別平均給与の推移（2001年から2021年にかけて）

２．松江市における子育て世帯の概観

　本稿は、給与低迷の期間を含む2003年〜2021年の、給与所得で生計を立てる家庭であるわが家の家計簿をもとに教育費負担の実際を一つの事例として紹介する。

　松江市子育て部子育て政策課「第２期子ども・子育て支援事業計画（令和２年３月）」[7] によれば、松江市の家族構成の状況として、６歳未満の子どもがいる世帯数で、核家族が占める割合は、2005年73％（6,157世帯）、2010年76％（6,052世帯）、2015年80％（6,077世帯）となっている。18歳未満の子どもがいる一人親家庭数の割合は、2010年9.9％（1,920世帯）、2015年10.6％（1940世帯）となっている。わが家の家族構成は核家族で二人親世帯であり、松江市に多くみられる家族構成であるといえる。島根県の就労状況として、世帯の共働き率は、日本全体の平均を大きく上回っており、2015年の就学前の子どもがいる世帯の共働き率は、島根県72.92％、全国49.82％

である。全体の共働き率は、島根県55.94％、全国45.52％である。わが家の場合、親の就労形態は就学前においては、共働きではなかったため、島根県の少数の世帯に属するといえる。就労状況においてわが家は典型ではないが、教育費負担の構造を考える手掛かりになる事例として取り上げることとする。

　幼稚園から高等学校までの各学校階梯の教育費の集計にあたっては、学校が通知した徴収金額や、実際に支払った領収書等、家計簿や銀行口座の記録を用いた。本稿における教育費は、学校に納付した金額および学校教育と学校生活に必要な物品の購入金額を集計したものであり、学校教育と学校生活に直にかかわらない習い事や塾などの教育費の金額は含まない。

Ⅲ．学校教育における家庭の教育費負担の実際

1．就学期前における教育費負担（保育所、幼稚園）

（1）幼稚園の教育費負担の実際

　筆者の2児は2003年、2004年生まれの年子である。就学期前は島根県松江市[8]の市立幼稚園に同時に入園させた。長子では2年保育、次子では3年保育を利用した。松江市立幼稚園は入園料4,000円、保育料年額104,400円であり、条件によりその保育料が減免された。

　松江私立幼稚園は1950年代から1960年代にかけてそのほとんどが設立された。子どもが通園した2008年度から2010年度にかけての松江市立幼稚園の状況は、定員を超える入園希望者がある園がある一方、定員に満たない園もあり、地域により在園児数に偏りがあった。そして、保育所の待機児童を受け入れることもあり、希望者には預かり保育を行う園が既にあった。多くの市立幼稚園が市立小学校の近くに設置されており、幼小連携をとりやすい位置にある。ところが、少子化や共働き世帯の増加により、市立幼稚園に通う児童が減少し、幼稚園の統合や幼保園化が検討されている地域もみられた。

　2008年度入園時、既に松江市では「松江市立幼稚園保育料多子軽減」[9]の減免制度が設けられており、保育料月額8,700円が条件により半額あるいは全額減免されていた。世帯の条件とは、子どもの数と兄弟姉妹の就学・就園状況であり、世帯収入といった保護者の所得や資産にかかわらない制度で

あった。市立幼稚園に在籍する子どもの保育料の減免であり、その子どもの
きょうだいの在籍する小学校、幼稚園、保育所は公立、私立を問わず、世帯
の児童構成に応じて減免金額が定められていた（図2）。2010年には、生活
保護世帯、市民税非課税世帯、子どもが3人以上の準要保護認定基準年間収
入額を下回る世帯、火災や風水害等で家屋に甚大な被害を受けた世帯、保護
者の死亡や長期入院（6か月以上）等により収入が著しく減少した世帯を対
象に、幼稚園保育料全額8,700円および預かり保育料8,000円が減免される制
度が設けられていた[10]。

1 減免条件		
・幼稚園、保育所に2人以上在籍しており、在園児の2番目以降の子が松江市立幼稚園に在籍している世帯 ・小学校6年生以下の子が3人以上いる世帯で、小学校6年生以下の子のうち3番目以降の子が松江市立幼稚園に在籍している世帯		
2 減免金額		
世帯の条件		減免金額
同一世帯から2人以上の園児が幼稚園又は保育所に入園（所）している世帯	園児及び入所児童が2人以上おり、2子目の場合	月額　4，350円
	園児及び入所児童が3人以上おり、3子目以降の場合	月額　8，700円
小学校6年生以下の子が3人以上おり、小学校6年生以下の子のうち、3子目以降の子が入園している世帯		月額　8，700円

松江市健康福祉部子育て課幼稚園係「平成21年度松江市立幼稚園保育料多子軽減のお知らせ」より一部
転記（筆者作成）

図2．平成21年度松江市立幼稚園保育料多子軽減について

　3歳児クラスと4歳児クラス入園時にかかった費用は、あわせて33,500円
であった。粘土、出席ノート・シール、名札、シール名札、連絡帳、誕生カ
ード、製作教材費は進級する度に必要となる費用であった。諸費用を教育振
興会費という費目で徴収する園もあったが、いずれの松江市立幼稚園にかか
る教育費は同程度とみてよい。
　4、5歳児対象の平日午後2時から午後5時までの預かり保育を当時の松
江市では「一時預かり保育」と呼び、その保育料は1回300円で、50円相当
おやつ持参、月10日以内とされていた[11]。2022年度は、月15日以内の利

用となっている(12)。待機児童対策の推進で、できる限り希望する施設に子どもを通わせることができるようになってきたが、幼稚園での一時預かり保育も日数を増やして手厚い支援を提供しようとしている。

松江市立幼稚園では園児服（制服）と給食はなかった。園に直接納めた費用（入園料、保育料、教材費、PTA会費、教育振興会費、一時預かり保育料等）と幼稚園以外の所に納めた費用（通園鞄、体操服、教具、教材費等）の金額を集計した。3年間で2児にかかった教育費は、入園料と保育料が425,600円、その他が220,062円となり、あわせて645,662円の教育費負担となった。負担軽減が保育料無償には及ばないまでも、公立園であることや保育料減免の対象となったことで、負担は軽いといえる。「入園料と保育料」と「その他」の比率が概ね2対1という結果から、持ち物や教材等にかかる費用の負担はが重いといえる。家庭によっては通園鞄や体操服等に、きょうだいのお下がりやや知人にもらい受けた物品を用いて負担軽減に努めていた。

(2)「幼児教育・保育の無償化」前後の保育料の比較

2019年10月から、「幼児教育・保育の無償化」（以下「無償化」）が実施され、3歳から就学前までの幼稚園、保育所、認定こども園の保育料等の費用が無償となった。0歳から2歳までは、市町村民税非課税世帯のみが対象となっている。1号認定（教育標準時間認定）は月額25,700円まで、2号認定（保育認定：満3歳以上）は月額37,000円まで、3号認定（保育認定：満3歳未満）の市町村民税非課税世帯は月額42,000円までの費用が減免される制度である。2号認定が幼稚園に在籍する場合は、上限額の範囲で預かり保育の保育料に充当することができる(13)。

1号認定、2号認定、3号認定の3年間の保育料を、国の上限額の基準（国基準）(14)、千葉県柏市(15)、島根県松江市(16)について（表1）にまとめ、無償化前の2017年度と無償化後の2022年度で、その増減を比較する。筆者の家庭は柏市に居住したことがあり、柏市を首都圏の自治体の事例として挙げた。比較には入園料を含む保育料の試算を用い、3号認定に関して、育児・介護休業法による育児休業取得の雇用環境整備等により、まる3年間通所する乳幼児は減少傾向にあろうが、3年間の利用料を算出している。ただし無

償化前、無償化後とも３号認定の保育料には主食費・副食費が含まれていること、無償化前の２号認定の保育料には副食費のみが含まれていることに留意がいる。国基準と柏市、松江市の２号認定・３号認定保育標準時間利用者負担料（所得割課税額97,000円未満ならびに397,000円以上）の額、および国立大学附属幼稚園[17]、松江市の１号認定保育標準時間利用者負担料の額、松江市内の私立Ｂ幼稚園ならびにＣ幼稚園の保育料[18]をもとにしている。

表1. 「幼児教育・保育の無償化」前後の保育料の比較：3年間利用

教育標準時間認定／保育認定	国の上限額の基準／施設の保育料（例）	世帯の階層区分	無償化前 2017年度	無償化後 2022年度	保護者負担の増減
保育所3号認定	（国基準）	所得割課税額97,000円未満	1,080,000円	1,080,000円	増減なし
保育所3号認定	（柏市）	所得割課税額97,000円未満	1,065,600円	1,065,600円	増減なし
保育所3号認定	（松江市）	所得割課税額97,000円未満	468,000円	684,000円	21,600円増加
保育所3号認定	（国基準）	所得割課税額397,000円以上	3,744,000円	3,744,000円	増減なし
保育所3号認定	（柏市）	所得割課税額397,000円以上	2,422,800円	2,422,800円	増減なし
保育所3号認定	（松江市）	所得割課税額397,000円以上	2,160,000円	2,160,000円	増減なし
保育所2号認定	（国基準）	所得割課税額97,000円未満	972,000円	0円	972,000円減少
保育所2号認定	（柏市）	所得割課税額97,000円未満	774,000円	0円	774,000円減少
保育所2号認定	（松江市）	所得割課税額97,000円未満	468,000円	0円	468,000円減少
保育所2号認定	（国基準）	所得割課税額397,000円以上	3,636,000円	0円	3,636,000円減少
保育所2号認定	（柏市）	所得割課税額397,000円以上	108,0000円	0円	108,0000円減少
保育所2号認定	（松江市）	所得割課税額397,000円以上	1,512,000円	0円	1,512,000円減少
幼稚園1号認定	（国基準）	所得割課税額211,201円以上	925,200円	0円	925,200円減少
幼稚園1号認定	（国立）		250,900円	0円	250,900円減少
幼稚園1号認定	（松江市）		317,200円	0円	317,200円減少
幼稚園1号認定	（私立Ｂ幼稚園）		688,000円	40,000円	64,800円減少
幼稚園1号認定	（私立Ｃ幼稚園）		1,226,760円	323,000円	903,760円減少

（筆者作成）

　１号認定で国公立の幼稚園に在籍する場合と２号認定は保育料の利用者の負担がなくなっている。しかし、１号認定で私立幼稚園に在籍する場合と、３号認定は利用者の負担が残されている。私立幼稚園では無償化後の利用者負担はそれぞれで、松江市でも３年間利用で40,000円、323,000円などと幼稚園によって金額が大きく異なっている。金額が高いＣ幼稚園では、無償化前の松江市立幼稚園の入園料と保育料３年間の合計317,200円を超えている。その分Ｃ幼稚園は教育活動や支援を充実させ、保護者が多様な教育活動や支援を選択できるように配慮している。

　1号認定（公立）および2号認定に関して保育料増加の懸念はないといえよう。一方、3号認定においては無償化の対象が市町村民税非課税世帯に限られており、「無償化」されていない。無償化前の2017年度と2022年度を比較すると、所得割課税額97,000円未満では柏市で増減なし、松江市で21,600円増加となっており、所得割課税額397,000以上では柏市と松江市とも増減なしとなっている。いずれも国基準の額に達していないが、柏市の所得割税額97,000円未満の場合、3年間の保育料が1,065,600円で、国基準の1,080,000に近い金額になっている。

　3号認定に関しては各自治体の財政状況に応じて変化することはやむをえず、財政状況によっては、自治体の努力で抑制してきた保育料額の上昇という懸念が完全には払拭できないであろう。多子世帯保育料負担軽減策は国費を投じて実施されており、各自治体でも独自の3号認定の保育料の保護者負担軽減策を設けているところがある。松江市では「生計を一にする兄姉が2人以上いる子どもの保育料は無料」になる制度があり、兄姉の年齢の上限は定められておらず、成人年齢である19歳を超えていても対象となる場合がある。

2．義務教育期における教育費負担（小学校、中学校）の実際

　わが子の通った松江市立小学校では長子に599,022円、次子に572,090円かかった。学校に直接納めた給食費、PTA会費、教育振興会費、その他は、長子390,120円、次子366,320円である。学校外に納めた物品等の費用は、長子208,902円、次子206,712円である。学校に納めた費用のうちおよそ3分の2が給食費である。給食費を除くと、「学校に納めた費用」と「学校外に納めた費用」は概ね1対2となっており、幼稚園同様、各家庭で調える物品の費用負担が大きいといえる。

　中学校（国立）では長子に774,473円、次子に796,526円かかった。学校に直接納めたPTA会費、教育振興会費、その他は、長子420,299円、次子421,253円である。学校外に納めた物品等の費用は、長子354,174円、次子375,273円である。中学校では給食がなかったため給食費は含まれないが、制服や部活動にかかる費用が含まれたために、小学校より負担が重くなった。

10年間で2児の義務教育の教育費負担は2,742,111円となった。均すと1人一月あたり12,695円の負担である。幼稚園入園時のように、小学校入学では75,000円（ランドセルを含む）程度、中学校入学時には200,000円程度（制服、通学用自転車、部活動用品を含む）というまとまった支出があった。

3．義務教育後における教育費負担（高等学校、大学等）

（1）高等学校の教育費負担の実際

　島根県立高等学校では、長子に1,107,765円、次子に902,396円かかった。授業料、教科書、模試、PTA会費、同窓会費、その他学校教育に必要な経費である。

　2022年度の次子の授業料は家計の急変により、「高等学校等就学支援金制度」[19]の対象となり、就学支援金89,100円（月額9,900円を2022年7月から2023年3月までの9カ月間）が支給され、授業料に充てられることになった。この制度は2010年に始まった、家庭の教育費負担軽減を図るための、国による授業料支援の仕組みである。次子宛の島根県教育委員会教育長の通知書には「あなたに支給される高等学校等就学支援金は、上記の学校設置者である都道府県があなたが納めるべき授業料に係る債権の弁済に充てることになります。」との記載がある。

　　（市町村民税の）課税標準額 ×6％－ （市町村民税の）調整控除の額

　保護者等の所得に基づき、上掲の算定式を用いて計算した額が、30万4,200円以上の者（年収目安約910万円以上の方）は就学支援金の対象外となる。就学支援金の支給方法は、生徒が学校設置者に申請書と保護者の課税証明書を提出し、その申請を受けて、国は就学支援金の費用を都道府県に交付し、都道府県は学校に対し就学支援金を給付し、学校設置者は生徒に代わって就学支援金を受領し授業料に充てる（就学支援金と授業料を相殺する）のである[20]。（図3）

　2児とも部活動はしておらず徒歩・自転車通学であった。学校外に支払うものに制服、教科書、副教材、模試の費用がある。COVID-19の影響で研修旅行が中止になり、例年に比べ7万円程度少ない負担となった。4年間の2児の教育費負担は1,920,161円である。均すと1人一月あたり26,669円の負

担であり、義務教育の時期と比べると14,000円程多く、主に授業料と教科書の費用負担による増額である。

　松江市にある私立高等学校3年間にかかる教育費は、D高等学校では1,945,500円、E高等学校では2,129,220円となっている。各高等学校で独自の減免制度等が設けられており、世帯収入や学業成績等の条件に応じて家庭の教育費負担が軽減されることがある。

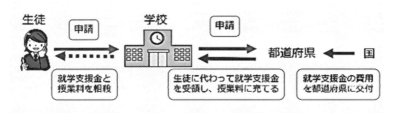

文部科学省「高等学校等就学支援金制度：5．就学支援金の支給方法」
https://www.mext.go.jp/a_menu/shotou/mushouka/20220329-mxt_kouhou02-3.pdf

図3．就学支援金の支給方法

（2）予備学校の教育費負担

　高等学校卒業後に大学進学指導を主たる目的とする教育施設として、島根県立高等学校5校に補習科があり、PTAが設置・運営している。また、私立の各種学校の予備学校には、高等学校を卒業した者を対象とする課程がある。それぞれの1年間の学費は、2022年度では次のようになっている。島根県立F高等学校補習科では420,000円（入科料・授業料、模試代金、教材費込み）、島根県内のG予備学校では600,000円（入学金120,000円、授業料480,000円）である。いわゆる大手予備校と呼ばれる、H予備学校では535,000円〜570,000円（入学金35,000円または70,000円、授業料500,000円）、I予備学校では810,000円〜1,040,000円（入学金50,000円または100,000円、授業料760,000円〜940,000円）である。予備学校によっては課程により授業料が異なり、通学せずにオンラインで受講できる課程（入学金50,000円または100,000円、授業料630,000円、タブレット貸出）を設けている学校がある。

その他、自宅外から通学する生徒には寮費がかかることもあり、条件により教育費負担は一様ではない[21]。

（3）大学の教育費負担

国立大学では入学料が282,000円[22]、4年間の授業料が2,143,200円、医学部6年間の授業料は3,214,800円であり[23]、入学料と授業料をあわせて4年間で2,425,200円、6年間で3,496,800円の学費が必要になる。大学院では同額の入学料や授業料が要る。

2019年から2020年にかけて一部の国立大学では「国立大学等の授業料その他の費用に関する省令（平成十六年文部科学省令第十六号）」にもとづき、授業料を省令で定められた上限まで増額した大学がある。省令の基本的考え方は「私立大学の学生納付金の状況など社会経済情勢等を総合的に勘案して、授業料標準額を改定する。」というものであり、私立大学の授業料の伸び率を勘案して省令が制定された[24]。

文部科学省の「私立大学等の令和3年度入学者に係る学生納付金等調査結果について」[25]によれば、私立大学では、初年度学生納付金の平均が、入学料245,951円、授業料930,943円、施設設備費180,186円である。4年間授業料が変わらない場合、私立大学の平均的な学費は4,149,909円と試算できる。私立大学では同じ大学でも学部や学科により学費に差があり、試算が当てはまらない場合もある。また、2022年6月30日掲載の河合塾「私立大学医学部学費一覧」[26]によれば、私立大学医学部では6年間の学費総費用が19,190,000円〜47,365,000円と、金額に2.5倍近くの開きがある。そして、国立大学医学部や私立大学の医学部以外の学部に比べて学費がかなり高額である。

入学料や授業料の大学の学費の他に、授業外の大学主催講座や留学、業者の講座やテスト等に別途費用負担が発生することがあり、大学教育とは独立して学生が任意で受講する各種の講座の負担もある。

2020年4月には「高等教育の修学支援新制度」が始まり、各大学による授業料等減免、日本学生支援機構による給付型奨学金が設けられた。高等教育の無償化の趣旨は、「高等教育は、国民の知の基盤であり、イノベーションを創出し、国の競争力を高める原動力でもある」、「低所得者世帯の者であ

っても、社会で自立し、活躍することができる人材を育成する大学等に就学することができる」、「経済的負担を軽減することにより、我が国における急速な少子化の進展への対処に寄与する」ための措置であるとされている⁽²⁷⁾。高等教育無償化は、日本の国際競争力を高め、高等教育を受ける機会を保障し、少子化対策につながる国家的政策といえよう。

Ⅳ．子育て・教育にかかわる漸進的無償化の現状と課題

　幼稚園から大学までの学費を学年別に試算し、大学4年間の学費と19年間の学費を（表2）にまとめた。また、学校階梯別の学費を（表3−1〜表3−5）にまとめた。事例1：幼児教育有償で幼稚園から大学まで私立、事例2：幼児教育無償で幼稚園から大学まで私立、事例3：幼児教育有償で幼稚園から大学まで国公立、事例4：幼児教育無償で幼稚園から大学まで国公立、事例5：幼稚園から大学まで保育料・授業料無償を仮定した場合の学費の合計である。事例5に関しては、私立の場合は完全に無償にならない可能性があり、国公立学校での無償教育を想定している。

　保育料・授業料が有償と無償、私立と国公立を比較して教育費負担にどの程度差があるのかをみる。国公立の幼稚園、小学校、中学校、高等学校の教育費は、わが子の教育費を用いた。私立小学校の学費は島根県の隣県の広島市の学校⁽²⁸⁾の学費を参考にした。私立中学校と私立高等学校は島根県内の学校の学費を参考にした。大学4年間の学費は入学金と授業料の他に保険など、大学に納める金額が含まれている。保険料の金額は島根大学を参考にした。仮に入学金と授業料が無償となっても保険などの負担は学生あるいはその家

表2．学校教育にかかる学費の比較：大学4年間および幼稚園から大学までの19年間

		大学4年間の学費	19年間合計
事例1	幼児教育有償で幼稚園から大学まで私立	4,616,453円	12,601,433円
事例2	幼児教育無償で幼稚園から大学まで私立	4,616,453円	11,697,673円
事例3	幼児教育有償で幼稚園から大学まで国公立	2,429,860円	5,336,182円
事例4	幼児教育無償で幼稚園から大学まで国公立	2,429,860円	5,018,982円
事例5	幼稚園から大学まで保育料・授業料無償	4,660円	2,237,382円

（筆者作成）

表３−１．学校階梯別学校教育にかかる学費の比較：幼稚園

		幼稚園年少	幼稚園年中	幼稚園年長	幼稚園合計
事例1	幼児教育有償で幼稚園から大学まで私立	¥504,120	¥444,120	¥444,120	¥1,392,360
事例2	幼児教育無償で幼稚園から大学まで私立	¥169,400	¥159,600	¥159,600	¥488,600
事例3	幼児教育有償で幼稚園から大学まで国公立	¥152,642	¥148,057	¥148,057	¥448,756
事例4	幼児教育無償で幼稚園から大学まで国公立	¥44,242	¥43,657	¥43,657	¥131,556
事例5	幼稚園から大学まで保育料・授業料無償	¥44,242	¥43,657	¥43,657	¥131,556

（筆者作成）

表３−２．学校階梯別学校教育にかかる学費の比較：小学校

		小学1年	小学2年	小学3年	小学4年	小学5年	小学6年	小学校合計
事例1	幼児教育有償で幼稚園から大学まで私立	¥504,000	¥384,000	¥384,000	¥384,000	¥384,000	¥384,000	¥2,424,000
事例2	幼児教育無償で幼稚園から大学まで私立	¥504,000	¥384,000	¥384,000	¥384,000	¥384,000	¥384,000	¥2,424,000
事例3	幼児教育有償で幼稚園から大学まで国公立	¥160,593	¥80,146	¥93,023	¥88,850	¥95,396	¥81,014	¥599,022
事例4	幼児教育無償で幼稚園から大学まで国公立	¥160,593	¥80,146	¥93,023	¥88,850	¥95,396	¥81,014	¥599,022
事例5	幼稚園から大学まで保育料・授業料無償	¥160,593	¥80,146	¥93,023	¥88,850	¥95,396	¥81,014	¥599,022

（筆者作成）

表３−３．学校階梯別学校教育にかかる学費の比較：中学校

		中学1年	中学2年	中学3年	中学校合計
事例1	幼児教育有償で幼稚園から大学まで私立	¥635,800	¥545,800	¥545,800	¥1,727,400
事例2	幼児教育無償で幼稚園から大学まで私立	¥635,800	¥545,800	¥545,800	¥1,727,400
事例3	幼児教育有償で幼稚園から大学まで国公立	¥423,944	¥242,533	¥107,996	¥774,473
事例4	幼児教育無償で幼稚園から大学まで国公立	¥423,944	¥242,533	¥107,996	¥774,473
事例5	幼稚園から大学まで保育料・授業料無償	¥423,944	¥242,533	¥107,996	¥774,473

（筆者作成）

表３−４．学校階梯別学校教育にかかる学費の比較：高等学校

		高等学校1年	高等学校2年	高等学校3年	高等学校合計
事例1	幼児教育有償で幼稚園から大学まで私立	¥1,200,820	¥620,200	¥620,200	¥2,441,220
事例2	幼児教育無償で幼稚園から大学まで私立	¥1,200,820	¥620,200	¥620,200	¥2,441,220
事例3	幼児教育有償で幼稚園から大学まで国公立	¥441,504	¥272,815	¥369,752	¥1,084,071
事例4	幼児教育無償で幼稚園から大学まで国公立	¥441,504	¥272,815	¥369,752	¥1,084,071
事例5	幼稚園から大学まで保育料・授業料無償	¥322,704	¥154,015	¥250,952	¥727,671

（筆者作成）

表３−５．学校階梯別学校教育にかかる学費の比較：大学

		大学1年	大学2年	大学3年	大学4年	大学合計
事例1	幼児教育有償で幼稚園から大学まで私立	¥1,340,723	¥1,091,910	¥1,091,910	¥1,091,910	¥4,616,453
事例2	幼児教育無償で幼稚園から大学まで私立	¥1,340,723	¥1,091,910	¥1,091,910	¥1,091,910	¥4,616,453
事例3	幼児教育有償で幼稚園から大学まで国公立	¥821,440	¥536,140	¥536,140	¥536,140	¥2,429,860
事例4	幼児教育無償で幼稚園から大学まで国公立	¥821,440	¥536,140	¥536,140	¥536,140	¥2,429,860
事例5	幼稚園から大学まで保育料・授業料無償	¥3,640	¥340	¥340	¥340	¥4,660

（筆者作成）

族にのこされるであろう。ただし、大学で加入する各種保険（学生教育研究災害傷害保険〔学研災〕、学研災付帯賠償責任保険〔学研賠〕、その他の共済保険）に関しては、その費用負担を大学が大学４年間では、私立大学と国公立大学の差は2,186,593円となっており、私立大学では国公立のおよそ２倍の学費である。国公立の入学料・４年間授業料2,425,200円が無償となり、私立大学も実質無償が適用されれば、私立大学では学費が半減することになる。

　事例２、事例４、事例５は現行の「幼児教育・保育の無償化」に従う試算

であり、学年ごとに、私立学校有償、国公立学校義務教育以降有償、国公立学校無償化について、棒グラフに示し、比較するものである（図４）。学校階梯が上がるにつれ教育費負担が重たくなることがわかる。学校入学時にはまとまった学費が必要になり、私立と国公立の差は顕著で、学校入学の年度には私立学校は国公立学校の２倍以上の教育費が必要になることがある。大学においては、入学料・授業料、保険のみの金額を表しているため、その他の教育に必要な経費や独り暮らしの生活費が加われば負担はさらに重くなる。

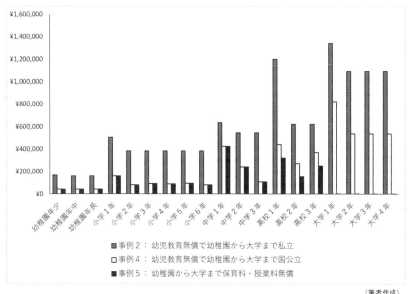

（筆者作成）

図４．幼稚園（無償）から大学までの学費：私立学校、国公立学校、授業料無償化の学年ごとの教育費の比較

　（図５）は事例２、事例４、事例５を面グラフで表し、教育費負担の推移を可視化している。事例４と事例５は義務教育を終えるまでは同様に推移しているが、高等学校と大学で開きがあり、大学においては、有償と無償でかなりの違いがあることがわかる。私立中学校ではその時点で国公立大学と同

水準の教育費が必要で、高等学校から大学へとさらに教育費が増えていく。

　制度の拡充課題には、幼児教育・保育の無償化の対象外となった３号認定の保育所利用料の無償化、後期中等教育以降の経済的支援策における所得基準や資産基準の要件の見直しによるそれらの基準引き下げもしくは撤廃、支援金の増額、後期中等教育および高等教育の無償化があげられるであろう。

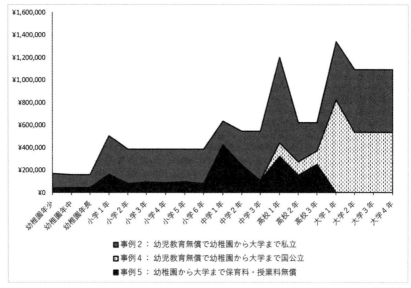

（筆者作成）

図５. 幼稚園から大学までの学費：すべて私立学校、すべて国公立学校、すべて授業料無償化の教育費の比較

Ⅴ．おわりに：家計簿分析による『平成21年度文部科学白書』再考

　大学卒業までにかかる費用は『白書』とわが家とでは、大学にかかる教育費の試算を含めて、それらの傾向に大きな違いはみられない。特に、高等教育は家庭の経済的負担が大きく、大学は国公立大学か私立大学か、私立大学も学部により、自宅か下宿・アパートに住むのかにより、学費と生活費が大きく異なってくる。そのため、高等教育の進路選択に慎重にならざるを得な

い生徒がいることは想像に難くない。高等教育機関の少ない地域、全くない地域といった、いわゆる「地方」では、学生は自宅から通うことができないため、独り暮らしをせねばならず、生活費の家庭あるいは学生本人の負担が大きくなる。高等教育で入学料・授業料といった学費以外のその他の教育費は、幼児教育から高等学校までと比べて、内容が専門的になるため、高額になるであろう。

　2012年の留保撤回後、「幼児教育・保育の無償化」が始まったのは、7年後の2019年になってからである。そのためわが家は幼児教育無償化の対象外であった。しかしながら、公立幼稚園に子どもを通わせることができ、松江市の保育料軽減策の恩恵を受けたお陰で、私立幼稚園に比べるとかなり少額の保育料となった。

　ところが、長子2年間、次子3年間、幼稚園に通わせたが、そのうち次子の5歳児クラスのみ正規職員が担任で、その他は非正規職員が担任であった。非正規職員といっても教員としての資質は優れていると思われた。しかしながら、勤務時間が短いため手の込んだ教材の準備やクラス便りがなかったりするなど、正規職員と比較すると保育サービスの量が少ないように思われ、人件費の違い、人的資源にかけられる金額の違いが、保育サービスの量に反映していたと考えられる。

　松江市は、国の「無償化」の制度開始までは、市立幼稚園保育料減免の制度を整えて、保護者の経済的負担軽減に努めてきたが、完全に無償化にすることはできず、こうしたことからも地方の財政では負担軽減に限界があったと考えられる。幼稚園教諭等の人件費等を抑制しながらも、すべての保育料を無償化することはできず、国が主導して初めて1号認定と2号認定すべての保育費の無償化が可能になったといえるのではないか。この点で、国の果たす役割は大きいと考えられる。特に、財政的に厳しい自治体であれば、なおのこと国に頼らずにはいられないであろう。

　2014年に高等学校等就学支援金、高校生等奨学給付金の制度が始まったが、教科書代の負担等の課題が残されたままである。文部科学省は、就学支援金制度を全国で約8割の生徒が利用しているとしており、授業料に関しては公

立学校であれば、就学支援金の充当により授業料負担が全くない家庭があることがわかる。一部、所得基準が高いために授業料の支援が受けられない生徒がいることも課題であるといえよう。

　高等学校の場合、小学校や中学校に比べて学区が広いために通学費がかさむ生徒も多いであろう。また、部活動や習い事によっても多くの費用がかかることがある。高校受験や大学受験に備えるための学習塾や参考書にかかる費用がかさむこともある。高等学校に限らず、幼少期からの習い事や受験のための教育費がかかる家庭もある。わが家の場合は、幼児期から高等学校卒業までに、2児の習い事と塾の教育費、学校外の模試、資格・検定等に概算で800万円かかった。

　2020年度開始の「高等教育の修学支援新制度」にも所得基準があるため、制度の対象になるかどうかはその都度、家庭の経済状況に応じて判断される。

　高等学校の生徒の約8割が高等学校等就学支援金制度の年収目安910万円を超えない家庭であるにもかかわらず、大学等の高等教育機関に進学すると多くの家庭では高額の授業料を納めなければならない。高等教育の修学支援新制度の授業料と入学金の減免を受けられるのが、年収目安270万円まで（第Ⅰ区分）が上限額の全額、年収目安300万円まで（第Ⅱ区分）が上限額の2/3、年収目安380万円まで（第Ⅲ区分）が上限の1/3となっている[29]。高等学校で就学支援金を受けていた年収目安380万円から910万円までの世帯は、高等教育機関に進学すると授業料等の減免が受けられなくなるのである。高等学校の3年間で親の所得が飛躍的に増えることがあれば良いのだが、給与所得で生計を立てる家庭ではほぼあり得ない話である。高等学校と高等教育機関での「授業料実質無償化」の年収目安が違いすぎるために、戸惑う家庭があるはずである。

　また例えば、日本学生支援機構の給付奨学金には生計維持者の資産基準が設けられており、生計維持者が2人であれば金融資産2,000万円未満、1人であれば1,250万円未満となっている[30]。資産基準により支援が受けられず、子どもの高等教育のために親が資産を切り崩さなければならなくなることもありうる。

　高等学校や大学によっては独自の支援制度を設けるなど策を講じている。しかし、高等学校、高等教育機関においては経済的支援制度の対象が限られているために、無償教育の導入は不完全であるとみるのが妥当であるかもしれない。貸与型奨学金は「借金」とみなされ敬遠されることが実際にあるようだ。現在の制度は家庭の経済的状況の格差を無くすための施策という意味合いが強く、家計負担の極度の軽減もしくは解消があった・無償教育の導入が始められたという実感はない。

　2019年10月に「幼児教育・保育の無償化」の制度が開始した。しかし時期を同じくして、一部の国立大学で授業料が増額となり、これは家庭の教育費負担軽減を図るという見方からは逆行する動きとも捉えられる。高等教育機関の学費の値上げがみられるようであれば、乳幼児から高等教育を終えるまでの長期の家庭の教育費負担は益々重く、幼児期の「無償化」が無益に感じられるのではないだろうか。幼児期は保護者の所得や資産に関わらない無償化制度であるものの、義務教育終了後は保護者の所得や資産を考慮した支援制度である。

　そもそも子どもの教育費は、国や都道府県および市町村の公財政支出で足りない教育費は、家庭が負担するという前提で、『白書』では教育費の負担に苦しむ家庭に同情してはいるものの、家庭が高額の教育費を捻出しなければならない状態が今なお続いている。「教育分野別にみた文教費総額：在学者・国民一人当たり経費」は、2018年度の高等教育費が4,680,687円であり[31]、公財政支出の額は大きいが、国立大学の年間授業料535,800円と照らすと、高等教育費の1割を学生の家庭、条件によっては学生本人が負担しているのである。この1割を少ないとみるか、多いとみるか検討の余地があるのではないだろうか。公共性の高い学校の費用に学生とその家族のお金が1割も投じられているのである。家庭・学生の学費納入に負っているこの1割を漸進的に無償化につなげていくことが課題であると考えられる。経済的格差の是正はもとより、所得再分配を重視し、経済的困難や不安がなく教育を受けられるに足る、十分な公費負担による教育投資としての無償教育の政策が進めなければならない。

【注、参考文献】

（１）文部科学省（2010）、『文部科学白書平成21年度』、文部科学省。

（２）外務省、「経済的、社会的及び文化的権利に関する国際規約（社会権規約）第13条２（b）及び（c）の規定に係る留保の撤回（国連への通告）について」https://www.mofa.go.jp/mofaj/gaiko/kiyaku/tuuku_120911.html、（2022年11月24日最終閲覧）。

（３）国税庁長官官房企画課（2022）、「令和３年分民間給与実態統計調査—調査結果報告—」https://www.nta.go.jp/publication/statistics/kokuzeicho/minkan2021/pdf/002.pdf、（2022年11月24日最終閲覧）。

（４）文部科学省（2010）、上掲、pp.8。

（５）総務省「家計調査年報（家計収支編）平成20年家計の概況」https://www.stat.go.jp/data/kakei/2008np/gaikyo/pdf/gk00.pdf、（2022年11月24日最終閲覧）。

（６）国税庁長官官房企画課（2009）、「平成20年分民間給与実態統計調査—調査結果報告—」https://www.nta.go.jp/publication/statistics/kokuzeicho/minkan2008/pdf/000.pdf、（2022年11月24日最終閲覧）。

（７）松江市子育て部子育て政策課安心子育て推進室（2020年）、「第２期子ども・子育て支援事業計画」https://www.city.matsue.lg.jp/material/files/group/52/000keikaku-zentai.pdf、（2023年３月31日最終閲覧）。

（８）島根大学教育学部附属幼稚園「沿革」https://www.shimane-fuzoku.ed.jp/fuyo/guide/history/、（2023年３月31日最終閲覧）。島根県「教育・保育情報の公表（公立幼稚園）：松江市」https://www.pref.shimane.lg.jp/education/kyoiku/carrier/joho/kyoiku_hoiku_joho_kouritsu_yochien.html、（2023年３月31日最終閲覧）。島根県松江市は2018年に中核都市に移行し、2023年１月末時点で総人口197,598人（住民基本台帳登録数）となっている。松江市内の公立幼稚園は、1885年創設の島根大学教育学部附属幼稚園および松江市立幼稚園24園（うち５園は休園）である。私立幼稚園は３園ある。松江市立幼稚園は1917年に１園（当時は中田テル〔不詳〜1929年〕により私立幼稚園として創立）、1950年代に８園（うち２園は2021年に統合）、1960年代に15園（うち１園は2019年に幼保園となる）、1980年に１園、1995年に１園が開設された。2005年からは、松江市独自の幼保一元化施設として松江市立幼保園が４園設置され、０歳児から２歳児クラスでは保育所部門として保育を提供し、３歳児から５歳児クラスは幼稚園部門として幼児教育を提供する施設となっている。松江市立の保育所は15園、松江市内の私立保育所は51園ある。認定こども園は16園あり、2016年に２園、2017年に５園、2018年に３園、2019年に４園、2021年に１園、2022年に１園が認可・認定となっている。松江市内の地域型保育事業所は私立で４か所ある。

（９）松江市健康福祉部子育て課幼稚園係、「平成21年度松江市立幼稚園保育大使軽減のお知らせ」。

（10）松江市健康福祉部子育て課（2010年５月27日）、「松江市立幼稚園保育料の減免について（お知らせ）」。

（11）松江市健康福祉部子育て課、「平成21年度一時預かり保育実施要項（抜粋）」。

（12）松江市子育て部子育て政策課、「松江市立幼稚園の一時預かり保育について」https://www1.city.matsue.shimane.jp/kyouiku/hoiku/hoyoukodomo/youtien/youtienitiji.html、（2022年11月24日最終閲覧）。

（13）文部科学省「幼児教育・高等教育無償化の制度の具体化に向けた方針（平成30年12月28日関係閣僚合意）」、pp.3、https://www.mext.go.jp/component/a_menu/education/detail/__icsFiles/afieldfile/2019/03/20/1414592_001_1.pdf、（2022年11月24日最終閲覧）。

（14）内閣府「利用者負担（保育料）の水準」https://www8.cao.go.jp/shoushi/shinseido/faq/pdf/jigyousya/handbook3.pdf、（2022年11月24日最終閲覧）。

（15）柏市「柏市２号・３号子ども保育料額表（月額）」2019年４月時点。柏市「柏市２号・３号子ども保育料額表（月額）」https://www.city.kashiwa.lg.jp/documents/522/ryoukin2021.pdf、（2022年11月24日最終閲覧）。

（16）松江市「平成29年度松江市保育施設保育料表（月額／円）」。松江市「令和４年度松江市保育所等保育料表（月額／円）」。

（17）松江市（2012年11月）「松江市における幼稚園・保育所（園）のあり方計画」pp.77。島根大学教育学部附属幼稚園の入園料ならびに保育料を参照した。

（18）松江市内の私立幼稚園の各HPを参照した。

（19）文部科学省「高校生等への修学支援：高等学校等就学支援金制度」https://www.mext.go.jp/a_menu/shotou/mushouka/1342674.htm、（2022年11月24日最終閲覧）。

（20）文部科学省「高等学校等就学支援金制度」https://www.mext.go.jp/a_menu/shotou/mushouka/20220329-mxt_kouhou02-3.pdf、（2022年11月24日最終閲覧）。

（21）予備校の各HPを参照した。

（22）島根大学「入学手続きについて」https://www.shimane-u.ac.jp/nyushi/expense_scholarship/tuition/tuition01.html、（2022年11月24日最終閲覧）。

（23）島根大学「授業料について」https://www.shimane-u.ac.jp/procedure/procedure/tuition/、（2022年11月24日最終閲覧）。

（24）文部科学省「国立大学の授業料標準額の改定について（案）」https://www.mext.go.jp/b_menu/shingi/kokuritu/005/gijiroku/attach/1386503.htm、（2022年11月24日最終閲覧）。「第十条　国立大学法人は、国立大学及び国立大学に附属して設置される学校の授業料の年額、入学料又は入学等に係る検定料を定めようとする場合において、特別の事情があるときは、第二条第一項若しくは第三項、第三条第二項又は第四条の規定にかかわらず、これらに規定する額にそれぞれ百分の百二十を乗じて得た額を超えない範囲内において、これらを定めることができる。」とあり、2019年度から2020年度にかけて東京工業大学、東京藝術大学、千葉大学、一橋大学、東京医科歯科大学が年間授業料を増額の上限である642,960円としている。

（25）文部科学省「私立大学等の令和3年度入学者に係る学生納付金等調査結果について」https://www.mext.go.jp/a_menu/koutou/shinkou/07021403/1412031_00004.htm、（2022年11月24日最終閲覧）。

（26）河合塾（2022年6月30日）私立大学医学部学費一覧」https://ishin.kawai-juku.ac.jp/university/schoolexpenses/schoolexpenses2.php、（2022年11月24日最終閲覧）。

（27）文部科学省「幼児教育・高等教育無償化の制度の具体化に向けた方針（平成30年12月28日関係閣僚合意）」、上掲、pp.8.

（28）広島市内の私立学校の各HPを参照した。

（29）文部科学省「高等教育の修学支援新制度」https://www.mext.go.jp/a_menu/koutou/hutankeigen/index.htm、（2022年11月24日最終閲覧）。

（30）日本学生支援機構「給付奨学金案内：2021年度版」、pp.6.

（31）文部科学省総合教育政策局調査企画課「結果の概要―令和元年度地方教育費調査（平成30会計年度）確定値の公表：第3章文教費の概観」https://www.mext.go.jp/content/20201120-mxt_chousa01-100014633_d.pdf、（2022年11月24日最終閲覧）。

The Actual Burden of Education Costs in our Household Accounts (2003-2021): Progress and Challenges of the Progressive Introduction of Free Education for Childcare and Education

KAWAUCHI, Kiyomi

Department of Childcare and Childhood Education,
Osaka College of Social Health and Welfare

Keywords

Progressive Introduction of Free Education, Educational Expenses, Household Accounts.

Abstract

In 2012, the Japanese government withdrew its reservation of Article 13(2) of the International Agreement on Economic, Social and Cultural Rights, and since then has started to gradually make education free at the secondary and tertiary levels. The progress and challenges of the policy of free childcare and free education were examined during the period of raising two children based on the actual burden of educational costs in our household accounts from 2003-2021.

Under the system of Free Early Childhood Education and Care, which began in October 2019, childcare fees from the age of three to pre-school age are now free. However, childcare fees for children aged zero to two still remain at the same level as before, and measures to reduce the household burden for infants and toddlers are required.

Under the High School Enrolment Support Grant Scheme, which began in 2010, upper secondary school students can apply to receive up to 9,900 yen per month towards their tuition fees from the state. Approximately 80% of students are eligible for this system, while families with higher taxable incomes are not. Those under the following categories are not eligible. Those for whom the tax amount calculated by the following formula pertaining to household income that the student's household pays is 304,200 yen or greater (households whose annual income is 9.1 million yen or higher). Amount of taxable income (for local residence tax) x 6% – amount of deductions (for local residence tax).

Tuition fees at higher education institutions such as universities, postgraduate schools and vocational colleges remain as high as in the past. Tuition fee exemptions and scholarships have been enhanced with the start of the New Higher Education Enrolment Support System in 2020. However, there are income and asset criteria for parents. Tuition fees have been increased by 20% at some national universities between 2019 and 2020. A challenge in higher education is that the cost of living on one's own is a burden. Another challenge is that the cost of tuition fees is higher in private institutions than in state or public education. For example, a six-year education at a private university medical school costs between 19,190,000 yen and 47,365,000 yen.

Economic inequalities need to be reduced. Sufficient investment in education is needed, with an emphasis on income redistribution, to ensure that students can access education without economic hardship and without anxiety, regardless of family deprivation. Investment in education requires the State to promote a policy of tution free education and increase public expenditure.

年報『現代社会と大学評価』投稿規程

1．投稿資格
　　原則として、当学会会員とする。
2．投稿内容
　　大学評価に関する学術論文（以下論文）、資料、研究ノート、実践報告、レビュー、動向、書評・図書紹介等とし、未発表のものに限る。ただし、口頭発表及びその発表資料はこの限りでない。
3．原稿枚数
　　原則として、論文、資料、研究ノートは18,000字以内（欧文の場合は6,500語以内）、実践報告、レビュー、動向は12,000字以内、書評・図書紹介等は4,000字以内とする。
　　なお、上記の字数には図表、注、参考文献も含まれるものとし、刷り上がりで論文、資料、研究ノートについては34字×29行×22頁以内、実践報告、レビュー、動向については34字×29行×18頁以内、書評・図書紹介等については、34字×29行×6頁以内とする。
4．使用言語
　　審査および印刷の関係上、使用言語は日本語、英語のいずれかとする。
5．執筆要領
　　別に定める執筆要領にしたがうこととする。
6．原稿審査
　　提出された原稿は、特集論文を除き、審査の上掲載の可否を決定する。論文、資料、研究ノートは1編につき編集委員会が依頼する2名の会員により査読審査を行うが、やむを得ない場合は1名まで非会員が査読者になることもある。その他の原稿は編集委員会において閲読審査を行う。尚、審査の過程において、編集委員会より、原稿の修正を求めることがある。
7．その他
　　必要事項については編集委員会において定める。
8．規程の制定と施行
　　本規程は2004年度運営委員会において承認後、運営委員会開催日をもって施行する。改正は、理事会の承認によって行う。第1号（2005年3月刊）については、原則として、本規程案に準じて運用を試行する。
　［附則］2011年4月24日改正（3、6、9）
　　　　　2012年4月24日改正（7を削除。以下、8以降を繰り上げ）
　　　　　2013年11月9日改正（2、3、6）
　　　　　2014年11月15日改正（6）
　　　　　2016年5月15日改正（2、3）

年報『現代社会と大学評価』執筆要領

1．原稿用紙

　原稿用紙はA4用紙を使用し、横書きとする。本文については1頁あた
り34字×29行とし、タイトルに9行とり、本文は10行目から始め、小見出
しには2行とる。注、参考文献については、1頁あたり49字×44行の書式
とする。

　欧文の場合はA4用紙にダブル・スペースで印字する。

2．執筆者名

　執筆者名は本文とは別の用紙に記し、執筆者の所属（大学の場合は学部・
研究科等）、職名を付す。大学院生の場合は課程、学年等を明記する。執
筆者の氏名・所属・職名の英語表記を併記する。

3．図・表

　図、表は本文原稿とは別にし、1枚の用紙に1つだけとし、図1、表1
という形でそれぞれの図表に　連番号をつける。また本文中に、それら図
表の挿入希望箇所を「表1入る」という形で指示し、それに必要な空欄を
設ける（ただし、組みあがりの関係で必ずしも希望どおりにならない場合
もある）。

4．章立て

　見出しには第、章、節等の文字は使用せず、見出し番号は以下に統一す
る。

```
はじめに（序、序論など。またなくてもよい）
Ⅰ．
　1．
　(1)
　(2)
　2．
Ⅱ．
Ⅲ．
おわりに（結び、結論など。またなくても）
```

5．注、参考文献

　注、参考文献は本文のおわりにまとめ、（1）、（2）の形で通し番号
をつける。注、参考文献の表記の形式は①「科学技術情報流通技術基準
（SIST2007-02）：参照文献の書き方」、②「J-STAGE推奨基準」（2008）の
「5．引用文献の書き方について」に準拠する（これとは別の形式による
注記を希望する場合は編集委員会に相談すること）。

6．英文要旨

　　論文・資料・研究ノートには500語程度の英文アブストラクト（要旨）と3〜5語／句の英語キーワードを添付する。英文アブストラクトは、執筆者の責任において、ネイティブ・チェックを受けるものとする。論文・資料・研究ノート以外の原稿は、英文アブストラクトは不要とする。

7．投稿原稿は本文、図表等はすべて白黒で作成する。

8．原稿提出方法

　　原稿はワードプロセッサーにより作成し、論文、資料、研究ノートの執筆者は原稿を3部、特集論文及びその他の投稿の執筆者は原稿を2部、テキストファイル形式（ワード、エクセルも可）で保存したメディア（CD、USBフラッシュメモリなど）とともに編集委員会に提出すること。

9．校正

　　執筆者による校正は2校までとする。

10．原稿提出期日と刊行期日

　　論文等の投稿については、毎年7月末日までに下記「11.原稿送付先・問い合わせ先」に郵送もしくはFax、電子メールのいずれかの方法で投稿の意思を表示する（書式は問わない）。査読審査を行う論文・資料・研究ノートの原稿提出期日は、9月末日とする。その他の原稿は随時受け付けるが、原則として11月末日までに提出されたものを次に刊行される年報に掲載するものとする。なお、提出された原稿等は一切返却しないので、必ず写しを取っておくこと。刊行期日は原則として7月とする。

11．原稿送付先・問い合わせ先

　　　大学評価学会年報編集委員会

　　　　Email：info[at]aue-web.jp

　　　　※メール送信の場合には[at]を＠に置き換えてください。

［附則］2011年4月24日改正（2、6、7、9、10)

　　　　2012年5月18日改正（10)

　　　　2013年11月9日改正（6、9)

　　　　2015年11月15日改正（7を追加。以下、番号を繰り下げ）

　　　　2016年5月15日改正（1、3、5、6、10)

編集後記

■このたび、大学評価学会年報『現代社会と大学評価』第19号が刊行の運びとなりました。

　本号には、「大学の自律『大学人像』」という第20回全国大会テーマの下、2023年3月4日・5日に岡山理科大学（岡山キャンパス　Zoomによるオンライン併用）において開催された大会シンポジウムの3つの記録からなる特集記事と2つの課題研究報告を掲載しています。この全国大会テーマは、コロナ禍により中止した第17回全国大会（2020年3月）のテーマであった「『大学人像』の再構築」の趣旨を踏まえたものでした。第20回という区切りある大会の特集記事からは、本学会の根幹の探究課題である「学問の自由」や「大学の自治」にふさわしい大学の自律と「大学人像」の見解が読み取れます。さらに「青年期の発達保障」および「教職協働」をテーマにして本学会が長年取り組んでいる2つの課題研究報告からは、積み重ねがあってこその重厚な研究成果が報告されています。

　また、今回は研究ノート二本と資料一本の論稿を掲載しました。いずれも本学会として今後のさらなる発展が期待される研究課題であり、論文等での成果報告が待たれるところです。なお、今号は論文の掲載はありません。学務等で自身の研究時間の確保もままならない昨今の状況ですが、ぜひとも会員の皆様からの積極的な投稿を引き続きお待ちしています。

　今号も、スケジュール管理も含め編集の全作業において、日永編集幹事に多大なるご尽力をいただくことで刊行の運びとなりました。この場を借りて改めてお礼申し上げます。

（文責　石渡尊子）

大学評価学会年報編集委員会（第19号）

委　員　長：水谷　勇（神戸学院大学）

委　　　員：石渡尊子（桜美林大学）、川地亜弥子（神戸大学）、
　　　　　　谷川弘治（神戸松蔭女子学院大学）、村上孝弘（龍谷大学）

編集幹事：日永龍彦（山梨大学）

連　絡　先：E-mail：info[at]aue-web.jp
　　　　　　※メール送信の場合には[at]を＠に置き換えてください。

「大学評価宣言＝もう一つの『大学評価』宣言」「大学評価学会設立趣意書」
「大学評価学会規約」「年報『現代社会と大学評価』投稿規定・執筆要領」等は
学会ホームページに掲載しています。
大学評価学会HP：http://aue-web.jp

大学評価学会年報『現代社会と大学評価』
大学評価学会年報編集委員会　編

シリーズ「大学評価を考える」

＊インターネットや書店で購入できない場合は、いずれも学会事務局までお問い合わせ下さい。（事務局に在庫のある場合もあります）

大学評価学会年報『現代社会と大学評価』第19号

大学の自律と「大学人像」

2023年10月10日　発行　　定価 本体1,500円（税別）

編　集　　大学評価学会年報編集委員会

発　行　　大学評価学会

発　売　　株式会社　晃洋書房

　　　　　郵便番号　615-0026 京都市右京区西院北矢掛町7

　　　　　電　　話　075(312)0788　ＦＡＸ　075(312)7447

　　　　　振替口座　01040-6-32280

印刷・製本　株式会社こだま印刷所

ISBN　978-4-7710-3791-5